在线旅游流空间结构及动力机制研究
——以泛长三角为例

涂 玮 著

本书得到国家自然科学基金青年基金（41701158）资助

科学出版社

北 京

内 容 简 介

在线旅游信息改变了旅游者的消费决策行为及空间流动，加强在线旅游流空间结构研究是旅游流在信息时代研究的重要科学命题。本书以泛长三角区域为研究对象，基于 Web 文本网络旅游信息数据挖掘，以在线旅游流研究为切入视角，综合运用 GIS 空间分析法、社会学网络分析法、结构方程模型法深入研究泛长三角地区在线旅游流空间结构及动力机制，揭示网络信息引导下的在线旅游流空间差异及驱动机制，丰富旅游流及旅游信息地理学研究。本书主要包含三部分内容，一为在线旅游流空间结构研究，二为在线与现实旅游流空间结构对比研究，三为在线旅游流网络结构动力机制研究。

本书主要面向旅游管理、旅游电子商务、旅游流相关研究领域的研究生、学者及行业经营者。

图书在版编目（CIP）数据

在线旅游流空间结构及动力机制研究：以泛长三角为例 / 涂玮著. —北京：科学出版社，2018.12

ISBN 978-7-03-059965-0

Ⅰ. ①在… Ⅱ. ①涂… Ⅲ. ①旅游客源-研究-中国 Ⅳ. ①F592.6

中国版本图书馆 CIP 数据核字（2018）第 285036 号

责任编辑：周 丹 沈 旭 石宏杰 / 责任校对：彭珍珍
责任印制：张 伟 / 封面设计：许 瑞

科 学 出 版 社 出版
北京东黄城根北街 16 号
邮政编码：100717
http://www.sciencep.com

北京盛通商印快线网络科技有限公司 印刷
科学出版社发行 各地新华书店经销
*
2018 年 12 月第 一 版 开本：720×1000 1/16
2019 年 9 月第二次印刷 印张：11
字数：222 000
定价：99.00 元
（如有印装质量问题，我社负责调换）

前　　言

泛长三角作为旅游经济发达之地，对周边旅游业的影响范围越来越大。且随着经济的发展，其旅游业网络营销也走在我国前列。泛长三角作为我国旅游业发展的领头兵，加强对该区域的研究是十分必要的。本书基于对在线旅游数据的挖掘，深入探讨泛长三角地区旅游流的流动网络特征。

本书研究内容可分为三个部分：第一部分（即第 3 章）、第二部分（即第 4 章）、第三部分（即第 5 章）。

本书第一部分为泛长三角在线旅游流规模空间和流向网络结构研究。基于 GIS 空间分析法研究泛长三角在线旅游流规模空间结构特征，基于社会学网络分析法研究泛长三角在线旅游流流向网络结构特征。

本书第二部分为在线与现实旅游流空间结构对比研究。以江苏省为典型研究区域，利用 GIS 空间分析法研究江苏省在线旅游流规模和现实旅游流规模空间结构差异。随后利用社会网络学分析法对江苏省在线旅游流流向网络和现实旅游流流向网络结构之间的差异开展研究。

本书第三部分为在线旅游流网络结构动力机制研究及在线旅游流与现实旅游流结构差异的动力研究。基于推拉理论，利用相关分析，首先，对泛长三角在线旅游流规模空间结构和在线旅游流流向网络结构的动因进行分析；其次，对江苏省在线旅游流与现实旅游流空间结构动因及动因差异开展研究。

本书在研究过程中着力体现如下特色与创新。

1）数据获取的创新：基于在线旅游产品信息的数据获取途径

在线旅游产品信息详细地记录了游客在市域之间的流动信息，不仅描述了流向，还可以通过统计购买量获得流量的大小。通过 Web 文本的数据挖掘，发现其潜在蕴含的空间信息，构建关系矩阵，为游客流动网络研究提供支撑，也为旅游地理学空间分析提供了一种崭新的数据获取途径。

2）研究视角的创新：突破传统旅游流研究

旅游流的研究是旅游地理学研究相对成熟的领域，以往更多的是研究发生于地理空间中的实际旅游流。而随着信息化时代的到来，网络成为人们生活不可或缺的媒体，更成为旅游者、旅游企业开展旅游活动的重要信息渠道。在信息化背景之下，探索性地研究在线旅游流及动力机制是旅游流研究内容的拓展，也是信息化时代新的研究命题。

3）研究内容的创新：在线旅游流空间结构研究

学术界关于在线旅游及旅游者的在线消费行为已经有一定的研究成果，此外在线旅游流的时间特征受到了一些学者关注，然而从空间属性方面研究在线旅游流的成果还很少，基本处于空白。在线旅游流空间结构研究是旅游地理学者对网络空间新的探索领域，是对旅游信息地理学的进一步丰富。此外，尝试性地探索线上与线下旅游流空间结构的差异更是对当今旅游业线上与线下相互整合、相互扶持的需求响应。

限于时间，本书自撰写以来历经 5 年，因此研究数据至出版时已略显陈旧，但是围绕该研究话题在后续的数据更新中可以形成历时性研究、对比研究，从而使研究成果更加丰富。此外，本书在撰写过程中遇到了许多困难，困难之际我的导师黄震方给了我很大的帮助，我的师兄师姐、师弟师妹也给予我很多支持，特别感谢我的同学方叶林博士（现任教于安徽大学）给我的鼓励，我想跟他说："与你成为同学，很幸运、很开心，你助人为乐的品质我永记于心。"提起本书前期数据的收集，我要感谢我的师妹陆玮婷，没有她的帮助，我也很难完成本书的编撰工作。感谢南京旅游职业学院常直杨老师，他在 GIS 软件操作方面给予我很多帮助。感谢我的老同学朱倩的远程帮助，感谢陶玉国博士、余凤龙博士、吴丽敏博士、王坤博士、汤傅佳博士、陈晓艳博士，感谢南京师范大学旅游规划与管理实验室所有的师兄师姐、师弟师妹。

限于作者水平，本书难免存在不足和疏漏之处，敬请各位专家、学者及专业人士不吝赐教。

涂　玮

2018 年 10 月

目　　录

第1章 绪　　论

1.1　在线旅游流空间结构问题研究的提出

1.1.1　问题研究提出的背景

1）信息化引发旅游业新的革命

2018 年 1 月，中国互联网络信息中心（CNNIC）在京发布第 41 次《中国互联网络发展状况统计报告》（简称《报告》）。《报告》显示，截至 2017 年 12 月，中国网民规模达 7.72 亿人，互联网普及率为 55.8%。网络已经成为居民生活、工作不可或缺的一部分。网络信息改变了人们的生活方式，人们足不出户就可以通过对网络信息的筛选实现网络购物。网络信息改变了企业商品销售模式和销售成本，网络销售减少了产品的包装、广告宣传、仓库租赁等流通环节，有利于实现低成本经营，从而使网络商品价格较为低廉。信息化对旅游业的影响更是不言而喻的，主要表现在如下几个方面：一是对旅游者购买行为方式和决策的引导，旅游者可依据网络旅游产品信息，如产品内容、产品中包含的酒店、产品购买人数、产品购买评价等来进行购买决策。二是对旅游企业经营模式的改造，许多旅游企业已经成功地进行网上经营运作，开展全球直销或营销业务。例如，国外著名的网站 Travelocity 每年吸引 600 万名以上的访问者浏览网页，邮寄订单达到 800 万美元以上；国内去哪儿网、淘宝旅行网、途牛旅游网、驴妈妈旅游网、欣欣旅游网等热点旅游网站，为旅游者提供了方便、快捷、优质、实用的旅游产品预定和交易服务；网上旅游交易使旅行社、航空公司和酒店等旅游企业可在网上进行信息沟通、寻找合作伙伴、在线成交等业务，网上旅游资讯内容的深度和广度不断增加，使旅游者可以在网上浏览世界各地的吃、住、行、游、购、娱信息，可以自主制定自己的行程，为旅游出行提供充分的前期准备。三是对旅游目的地营销的创新，旅游目的地通过自身旅游网站的建设进行营销和推广。四是对旅游景区的建设，智慧景区的建设即通过旅游地理信息的建设实现对旅游流的服务和导向。

2）在线旅游营销成为新的旅游营销方式

旅游业的日益发展和复杂化使旅游信息日益丰富和繁杂，传统的媒体已经难以满足旅游信息传递的需要，而互联网实现了海量信息的低成本高速传递，为旅游业提供了全新的信息传播和处理手段，为旅游地及旅游企业提供了新的营销平台（张俊霞，2001）。网络作为旅游产品信息传播的重要平台，获得了巨大的市场效应。在线旅游营销已经成为旅游企业、旅游地旅游产品营销的新方式。在线旅游营销相比传统营销方式具有较多的优势，因为旅游产品具有无形性，旅游企业借助于网络平台，通过图片、文字、视频可以充分展现旅游地的旅游资源、产品的具体信息、他人的评价与购买情况，充分的旅游产品信息展示十分有利于旅游者深入了解旅游产品，因此越来越多的旅游者选择在线购买旅游产品。

　　在线旅游营销方式具有多样性，具体见表 1-1。在众多旅游信息展示平台中，旅游电子商务平台所蕴含的旅游信息最为丰富，主要原因是旅游电子商务平台不仅包含传播者的信息，还包含受众的信息选择行为和信息回馈行为。

表 1-1　网络旅游信息平台

序号	网络信息平台	序号	网络信息平台
1	旅游目的地官网	7	搜索引擎推广
2	旅游景区官网	8	网络社区
3	旅行社旅游电子商务平台	9	第三方网络团购平台
4	博客	10	网络旅游杂志
5	电子布告栏系统（BBS）	11	微信、微博
6	第三方旅游电子商务平台		

　　很多网络旅游信息传播媒介缺乏旅游信息的完整性，主要体现在旅游市场的互动信息方面。例如，旅游目的地官网由于缺乏市场机制的推动，作为政府和旅游目的地旅游信息的传播媒体，往往缺乏游客与该媒介的互动旅游信息。旅游景区官网，特别是国家 AAA 级及其以下旅游景区官网建设不完善，不仅缺乏游客与该媒介的互动旅游信息，就连旅游景区的旅游信息传播也缺乏完整性。随着《中华人民共和国旅游法》（以下简称《旅游法》）的出台及信息技术的发展，旅游电子商务平台成为旅游信息展示和传播的良好载体，该平台不仅能够体现旅游目的地、旅游企业、政府对旅游产品信息的展示，而且能体现出旅游者对旅游产品信息的反馈，如通过在线购买、在线评价等信息体现出旅游者的决策信息，因此旅游电子商务平台能够较全面地展示旅游信息。

　　3）在线旅游流空间结构是新的科学命题

　　旅游市场是旅游地理学者研究的重要对象，旅游市场研究的实质是对旅游流的研究。早期的旅游地理学者比较重视旅游流规模空间结构的研究，张凌云（1988）提出了定量研究旅游客源市场结构和旅游流空间分布的思路，随着旅游流概念的进一步丰富，旅游流实现了规模预测、时空分布与演化特征、旅游流流向模式、动力机制等完整研究体系，旅游流的研究已经较为完善。然而随着信息化的到来，信息改变了旅游者的消费行为，改变了旅游企业的营销方式，信息引导所引发的旅游流产生和流向已经成为一个新的课题。特别是在线旅游购买成为一种时尚后，在线旅游流开始受到关注。在线旅游者的产品偏好、在线旅游者的消费行为、在线旅游者购买产生的旅游流流动规律等新的研究课题在信息化的背景下越发受到重视。而对于旅游地理学者而言，在线旅游流的空间研究理所应当成为一个非常重要的研究课题，在线旅游流的空间结构是在网络信息引导下形成的旅游流空间结构，其空间结构特征是什么？在线旅游流空间结构与现实旅游流空间结构有什么异同性？是什么机制促成了在线旅游流的空间结构？又是什么使其与现实旅游流空间结构存在差异？如何通过在线信息建设和调整在线旅游流空间结构？如何通过在线旅游流的调控有效管理现实旅游流？这些都成为当下旅游地理学者新的研究命题。

4）泛长三角是网络旅游信息展示的典型区域

经过改革开放 40 年的快速发展，泛长三角地区旅游业的发展迎来前所未有的良好机遇，处在该区域的各省区政府都将旅游业的发展列为其"十三五"规划的重中之重。泛长三角城市依托较丰富的旅游资源、良好的市场环境及特殊的人缘、地缘优势，旅游业得以迅速发展，尤其是苏南、浙北、上海、皖南等泛长三角地区的核心旅游区，一直是国内外著名的旅游目的地，每年都吸引众多国内外旅游者。正因为泛长三角旅游业以前所未有的速度发展，所以很多研究者将其作为研究区域开展研究。

随着高铁的开通，优越的交通条件缩短了泛长三角地区城市间的距离，让该区域城市旅游趋近"同城时代"，泛长三角城市之间呈现出良好的合作局面。但泛长三角地区由于文化同源、地理相近、人文相亲、自然相似，在国际客源、国内客源上表现出一定的同源性，导致区域内的旅游流出现相互竞争的局面。为了吸引更多的客源，泛长三角各大城市实行多元化营销策略，作为信息化走在前列的泛长三角地区，网络媒介成了泛长三角大中小旅游企业及区域的重要营销手段，特别是以上海、南京、杭州为核心的省会城市（直辖市），其网络旅游产品众多，旅游企业积极利用在线网络开展区域合作，扩大客源。但是泛长三角地区包含41 个市域，各市域情况相异，有些市域网络营销水平走在全国前列，还有些市域旅游经济及旅游网络营销水平比较落后，如皖北、苏北等区域，正是由于区域的差异性及旅游业、旅游网络营销发展的前沿性，研究泛长三角在线旅游流具有一定实践意义。

1.1.2　问题研究区域

本书研究的空间区域为泛长三角。泛长三角作为一种理论提法，目前，关于其空间范围，学界的意见并不统一，主要的观点有 4 种：一是"2＋1"模式，即江苏省、浙江省、上海市；二是"3＋1"模式，即以上海市为龙头，把江苏省、浙江省和安徽省三省全部纳入；三是"3＋2"模式，即在上海市、江苏省、浙江省三省市的基础上，把长江中下游地区的安徽省、江西省也纳入泛长三角；四是"6＋1"模式，包括上海市、江苏省、浙江省、安徽省、江西省、福建省及台湾省。

　　本书对于泛长三角区域的界定采用"3＋1"模式，该区域包含三省一市，即包括上海市、江苏省、浙江省、安徽省，共包含 41 个市域，分别为上海市、南京市、无锡市、徐州市、常州市、苏州市、南通市、连云港市、淮安市、盐城市、扬州市、镇江市、泰州市、宿迁市、杭州市、宁波市、温州市、绍兴市、湖州市、嘉兴市、金华市、衢州市、台州市、丽水市、舟山市、合肥市、芜湖市、蚌埠市、淮南市、马鞍山市、淮北市、铜陵市、安庆市、黄山市、阜阳市、宿州市、滁州市、六安市、宣城市、池州市、亳州市。

　　泛长三角作为旅游经济发达之地，对周边旅游业的影响范围越来越大。且随着经济的发展，旅游业网络营销也走在我国前列。在《旅游法》实施之后，网络电子商务成为研究的热点，如何发挥网络媒介对旅游发展的引导作用是旅游研究中的重大课题，泛长三角作为我国旅游业发展的领头兵，加强对该区域的研究是十分必要的。

1.1.3　问题研究达到的目标

　　1）理论目标

　　我国现实旅游流的研究相对成熟，而信息化背景下的在线旅游流研究还处于起步阶段。以在线旅游流为研究突破口，探索网络信息与地理空间的融合区域，即旅游信息地理学。通过在线旅游流空间结构研究拓展和深化旅游流研究内容，通过在线旅游流与现实旅游流空间结构对比研究实现传统旅游流与在线旅游流的整合研究。

　　2）应用目标

　　研究泛长三角在线旅游流空间结构及动力机制，明确泛长三角在线旅游流空间特征及泛长三角各省、各市、各区在网络结构中的角色、地位，并揭示泛长三角在线旅游流空间结构的驱动机制，从结构角度、在线营销角度对泛长三角在线旅游流导引提供建议，为区域旅游协作与网络营销出谋划策。以江苏省为例探讨网络营销下的在线旅游流与现实旅游流的结构关系研究，旨在发现在线旅游网络营销和信息建设的不足，为旅游地及旅游企业旅游产品在线信息建设指明方向。

1.1.4 问题研究意义

1. 理论意义

1）促进旅游信息与地理空间的结合研究，丰富旅游流及旅游信息地理学的研究

旅游信息地理学是一个新兴研究领域，将网络信息与地理空间结合起来拓展旅游流研究是深化旅游流研究的创新之举，也是促进多学科交叉研究的重要路径。我国现实旅游流的研究相对成熟，而基于 Web 信息挖掘的在线旅游流研究还处于起步阶段。特别是在在线旅游不断发展的背景之下，在线旅游流的空间特征研究尤为重要，因为在线旅游流最终要落实到现实区域的流动中来，因而在线旅游流往往是现实旅游流的先兆，对在线旅游流开展的研究往往可以协助现实旅游流的管理。

2）构建在线旅游流空间结构的动力机制模型，深化网络空间旅游流形成的动因分析

在线旅游流的形成一方面受网络信息的影响，另一方面与旅游目的地的地情密切相关。研究在线旅游流形成的动力机制是对旅游流形成动力的进一步补充。探索在线旅游流动因与现实旅游流动因的差异有助于更清晰地认识旅游流形成的动力因素，是对旅游流研究体系的进一步完善和拓展。在线旅游流形成的动力机制研究对于旅游企业开展网络营销具有非常重要的意义。

2. 实践意义

1）为在线旅游信息建设提供指导

网络已经成为旅游者搜寻信息并购买旅游产品的有效手段之一。在线旅游流是网络旅游产品信息引导的结果，因此在线旅游流信息可以显示不同旅游地的旅游产品网络营销吸引力，通过在线旅游流与现实旅游流的对照研究可以发现旅游地网络市场营销和旅游信息建设的不足，因此本书的研究可以为旅游地网络旅游产品营销信息建设提供指导。在线旅游流形成机制研究，特别是旅游产品信息作为拉力因素对在线旅游流的导引机制研究可以为在线旅游产品信息建设提供指导。

2）为区域网络营销结构调整和旅游目的地网络营销角色定位提供指导

在线旅游流网络结构将较好地明晰泛长三角各城市网络营销水平和角色。旅游目的地将进一步知晓自身网络营销信息建设水平及自身网络营销信息建设的不足。旅游目的地及旅游行政部门将在泛长三角网络营销结构中合理定位自身的角

色和预期的营销目标，通过区域线路合作等方式较好地参与分享泛长三角在线旅游网络营销效益。

此外，结构研究为旅游管理者大区域营销的调整提供依据，通过营销增长极的建立、区域合作线路的开发等途径实现区域整体营销经济的提升与发展。

1.2　在线旅游流空间结构的研究内容与方法

1.2.1　问题研究的思路

本书以泛长三角为研究区域，围绕"在线旅游流空间结构—在线与现实旅游流空间结构对比—在线旅游流网络结构动力机制"的研究主线，综合运用地理信息系统（GIS）空间分析和数理统计分析、社会学网络分析和结构方程模型等方法探究在线旅游流空间结构及动力机制，深入揭示在线旅游流与现实旅游流空间结构的差异及动因。在文献综述的基础上，运用问卷调查法和网络数据抓捕、GIS和数理分析、综合分析和比较分析等相结合的技术和方法，注重定性与定量分析相结合、现状与机制分析相结合、理论与实践应用相结合。

一是以大量的文献阅读和文献综述为前提，全面梳理现有的研究成果，系统总结研究现状和不足，针对不足提出拟解决的关键科学问题，为后续研究奠定理论基础。

二是以五大在线网站为数据收集对象，精心统计 2013 年泛长三角各市域在线旅游流数据（统计旅游线路和在线购买量），以问卷调查方式扎实收集现实旅游流数据，为后续的定量研究提供第一手资料。

三是以泛长三角在线旅游流空间结构及动力机制为核心，通过在线旅游流流量和流向两个方面，运用空间冷热点分析，开展市级和省级区域尺度的空间结构研究，从而揭示在线旅游流空间结构特征及区域各市域在网络中的角色和地位，再深入探讨在线旅游流空间结构形成的动力机制，为网络营销提供建议。

四是以江苏省在线旅游流与现实旅游流空间结构对比研究为拓展，借助二次迭代分配程序（quadratic assignment procedure，QAP）相关分析、耦合分析，探索性地研究在线旅游流与现实旅游流空间结构关系，深化在线旅游流研究。

1.2.2　主要研究内容

本书共分为 6 章，研究内容框架图见图 1-1。第 1 章为绪论，主要介绍本书的研究背景、研究意义、研究对象与数据等内容。第 2 章介绍旅游流、在线旅游流、旅游流空间结构的国内外相关的研究进展，以及与本书相关的理论基础。第 3~

5 章为本书的核心内容，其中第 3 章从旅游流流量、流向角度分析泛长三角在线旅游流空间结构，第 4 章从旅游流流量、流向角度对比分析在线与现实旅游流空间结构差异，第 5 章为在线旅游流网络结构动力机制及在线与现实旅游流空间结构动力机制差异研究。第 6 章主要对在线旅游流空间结构研究及动力机制进行总结，并针对问题提出优化策略。

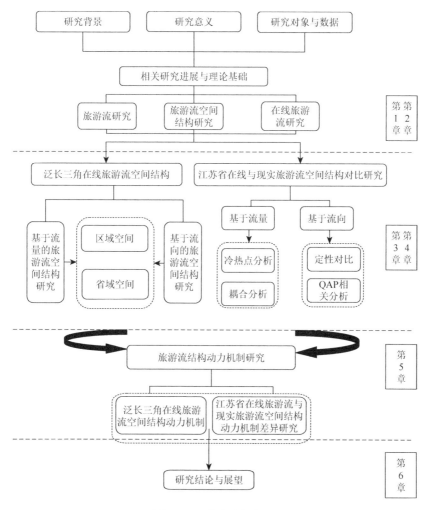

图 1-1　研究内容框架图

本书的核心内容主要包含三个方面。

1）在线旅游流空间结构研究

以去哪儿网、淘宝旅行网、欣欣旅游网、途牛旅游网、携程旅行网五大网站为数据获取对象，以泛长三角市级区域为研究单元，利用 GIS 空间分析法、社会学网络分析法研究泛长三角在线旅游流空间结构。在线旅游流空间结构在一定程度上反映市级区域单元的网络营销水平、网络产品吸引力、旅游产品信息建设、旅游市场需求、旅游资源质量、市域旅游经济等。同时在线旅游流空间结构反映了市域的旅游发展地位及市域网络营销发展地位和角色。

2）在线旅游流与现实旅游流在空间结构上的差异

以互联网为代表的信息技术正深刻地改变着人类社会的生产和生活方式，现实世界与虚拟空间（或网络空间）的互动也不断拓展其广度和深度，互联网已经成为旅游者搜寻信息并购买旅游产品的有效手段之一。信息技术与空间概念的进一步拓展使信息地理学受到进一步关注。网络信息如何映射于现实地理空间已经成为热点研究话题。有研究显示，网络旅游信息流已经成为现实旅游流的征兆，利用网络信息预测与管理现实旅游流已经逐渐成为有效手段。因而，在线旅游流与现实旅游流空间结构的差异成为本书研究的内容之一。在线旅游流与现实旅游流空间结构形成的动力机制有所差异，两者结构必然存在差异，但在线旅游流受社会经济影响，因而两者结构也必然存在一定的相似性。

本书以江苏省为典型研究区域，研究在线旅游流与现实旅游流的空间结构差异，从而为提高区域旅游网络营销水平提供参考，也为区域旅游网络营销决策提供指导。

3）旅游流空间结构形成的动力机制及差异研究

旅游流空间结构形成的动力机制已有很多学者做过深入探讨，但是在线旅游流空间结构形成的动力机制还是一个全新的领域。在线旅游流空间结构的形成不仅受网络旅游信息因素的推动，还与区域社会经济文化情况密切相关。因此必须构建一个全面的在线旅游流空间结构动力机制模型，深入研究在线旅游流空间结构动力机制，扩展旅游流形成动力体系的研究。

此外，在线旅游流网络与现实旅游流网络结构的动力机制的异同也是本书研究的内容之一。以往研究显示，网络信息已经成为游客出游决策的重要信息媒介。区域旅游流对信息技术具有空间响应性。以江苏省为典型案例探讨在线旅游流与现实旅游流网络结构差异的动因，试图揭开在线旅游流与现实旅游流动因的异同。应该说，在线旅游流网络结构动力机制与现实旅游流空间结构差异的动因分析是对旅游流形成动力机制领域研究的进一步拓展研究。

1.2.3　主要研究方法

1. 文献分析法

文献分析法主要指搜集、鉴别、整理文献，并通过对文献的研究，形成对事实科学认识的方法。文献分析法是一项经济且有效的信息收集方法，它通过对与工作相关的现有文献进行系统性的分析来获取工作信息。本书利用文献分析法，主要是在文献学习的基础上，针对性地阅读与本书有关的文献，系统地梳理旅游流、在线旅游信息、旅游流空间结构等相关研究，明确本书研究的归属领域，认识相关领域研究的不足，并找到本书研究的突破口和切入点，为本书的创新之处打下坚实的基础。

2. 实时统计法

本书采用的数据均来自于旅游网站或者网站的旅游板块，网站数据的获取采用跟踪法，实时摘取网页文本数据，利用网络爬虫技术获得在线旅游产品信息。主要摘取产品的名称、产品的路线、产品的购买量、线路天数、产品的价格、产品的折扣、产品的有效期等数据。数据的摘取和整理为本书提供了第一手数据资料，保证了研究的可靠性，同时本书数据紧跟市场，来自于网络海量数据，使研究的应用型价值更大。

3. GIS 空间分析法

GIS 集成了多学科的最新技术，为空间分析提供了强大的工具。空间分析早已成为 GIS 的核心功能之一，它特有的对地理信息（特别是隐含信息）的提取、表现和传输功能，是 GIS 区别于一般信息系统的主要功能特征（汤国安等，2007）。本书借助于 GIS 空间分析中的空间热点效应分析、标准差椭圆等功能实现网络营销下的在线旅游流及现实旅游流空间结构和空间差异的研究。

4. 社会学网络分析法

社会学网络分析（social network analysis，SNA）法作为新经济社会学中重要的研究方法，是在美国社会心理学家莫雷诺提出的社会测量法的基础上发展起来的，用来研究行为者彼此之间的关系。社会学网络分析法已经从一种具体的研究方法拓展为一种理论框架，是一门整合的行为科学（刘军，2004）。这种方法在社会学、经济学、管理学等领域得到了广泛应用（罗家德，2005）。社会学网络是指社会行动者及它们之间关系的集合，社会学网络分析法试图描述给定的实体（用点表示）之间的关系（用线表示）结构。本书利用社会学网络分析法研究在线旅游流及现实旅游流空间结构，通过绘制空间关系网络来揭示市域的旅游流关系，准确把握市域旅游地网络营销水平和旅游业发展水平。

5. 数理统计分析法

数理统计分析法，是数学的一门分支学科，它以概率论为基础，运用统计学的方法对数据进行分析、研究，进而导出其概念的规律性，其主要研究随机现象中局部与整体之间，以及各有关因素之间相互联系的规律性，主要是利用样本的平均数、标准差、标准误差、变异系数、均方误差、检验推断、相关系数、回归、聚类分析、判别分析、主成分分析、正交试验、模糊数学和灰色系统理论等有关统计量的计算来对实验所取得的数据和测量、调查所获得的数据进行分析研究，得到所需结果的一种科学方法。其主要方法包括参数估计、假设检验、相关分析、试验设计、非参数统计、过程统计等。本书借助 SPSS 软件进行基础数理统计分析，如相关分析。

6. 问卷调查法

问卷调查法是指通过向调查者发出简明扼要的征询单（表），请示填写对有关问题的意见和建议来间接获得材料和信息的一种方法。本书中现实旅游流信息的获取一方面来自于区域国民经济与社会发展公报，另一方面来自于现实的调查问卷。调查问卷主要是对江苏省 13 个市域开展的，内容涉及游客的基本社会特征及地域来源、流向，调查问卷所获得的数据为现实旅游流网络构建提供了基础。

7. 结构方程模型法

结构方程模型（structural equation model，SEM）法是研究社会关系的重要研究方法，该方法集理论验证、多变量参数估计、关联性分析于一体，是一种关系的研究范式。本书利用结构方程模型研究在线旅游者购买产品的影响因素，建立在线关注信息与购买态度的关系，从而发现购买的影响因素。

8. 网页数据抓捕

互联网已经成为一个巨大的信息资源库，各行各业的信息均可以在互联网上找到。及时准确地获得、存储、分析、利用这些信息是非常重要的。本书所获得的数据均从网页上抓捕获得，包括在线旅游产品信息及购买量信息等。

1.2.4　主要研究技术路线

针对研究目标和研究内容，综合运用相关分析方法，对在线旅游流空间结构、在线旅游流与现实旅游流空间结构关系、在线旅游流动力机制开展研究，技术路线见图 1-2。

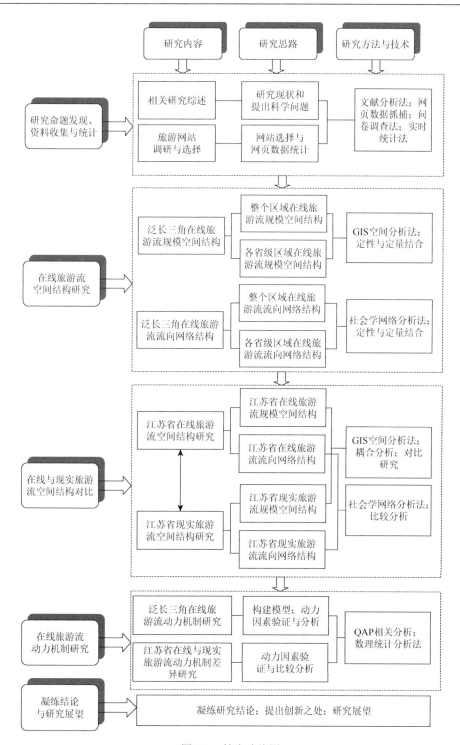

图 1-2　技术路线图

1.3   在线旅游流空间结构研究数据来源

1.3.1   数据获取平台——五大网站

数据获取的代表性在一定程度上能够保证研究的可靠性和科学性。本书选取途牛旅游网（2006 年创立）、携程旅行网（1999 年创立）、欣欣旅游网（2009 年创立）、淘宝旅行网（2003 年创立）、去哪儿网（2005 年创立）五大网站为研究对象，它们都属于在线预订类网站且营销模式有所差异。

之所以选择以上五大网站作为研究对象，主要基于以下考虑。

1）网站知名度高、交易量大保证了网络营销下的在线旅游流的代表性和普适性

本书所选包括两类网站，一类为专业型旅游销售网站，如途牛旅游网、去哪儿网；另一类为旅游产品销售只作为该网站的功能之一，如淘宝网。两类网站均选择知名度较高的网站。此外，如果按营销模式来分，一类为直接面向顾客；另一类则不仅面向顾客，还面向供应商。

（1）去哪儿网总部位于北京，创立于 2005 年，作为中国第一个旅游搜索引擎，该网站使中国旅行者首次能够在线比较国内航班和酒店的价格及服务。去哪儿网竭力为消费者提供全面、性价比高的产品及可靠的服务和便捷的技术工具。通过网站及移动客户端的全平台覆盖，去哪儿网可以随时随地为旅行者提供国内外机票、酒店、度假、旅游团购及旅行信息的深度搜索。2013 年 1 月艾瑞咨询的数据显示，去哪儿网以 7474 万月访问人次高居旅行类网站榜首，移动客户端"去哪儿旅行"更是拥有超过 3400 万的激活用户量。

（2）途牛旅游网创立于 2006 年 10 月，以"让旅游更简单"为使命，为消费者提供由北京、上海、广州、深圳等 64 个城市出发的旅游产品预订服务。网站开通了跟团游、自助游、自驾游、团购等版块，满足了旅游者的不同需求。2013 年，途牛旅游网的在线跟团游位居市场第一名。艾瑞咨询的数据显示，2012 年中国在线出境旅游中途牛旅游网以 15.0%的份额仅次于携程旅行网，位居第二位。

（3）携程旅行网创立于 1999 年，凭借其优良的网络技术平台、优质的"携程式"特色服务、优秀的经营管理模式，在中国旅游电子商务市场中一直处于领先地位，并成为中国首家在纳斯达克上市的旅游网站。

（4）淘宝旅行网（现更名为"飞猪"）是淘宝网旗下的综合性旅游出行服务平台。淘宝旅行网整合数千家机票代理商、航空公司、旅行社、旅行代理商资源，为旅游者提供国内机票、国际机票、酒店客栈、景点门票、国内国际度假旅游、

签证（通行证）、旅游卡券、租车、邮轮等旅游产品的信息搜索、购买、售后服务的一站式解决方案。该网站全程采用支付宝担保交易，安全、可靠、有保证。

（5）欣欣旅游网创办于 2009 年 2 月，是一家面向旅游行业提供一体化电子商务服务，帮助传统旅游企业实现在线化的互联网技术开发公司。

2）网站的产品信息及购买信息的提供为数据获取提供了可行性和便利性

研究网站都为预订类网站，网站非常精确地展现了产品的信息，能够实时看到旅游产品的购买情况和评价情况，如购买旅游产品的人数，以及产品的价格、折扣、有效期等。本书的统计中，包括自由行产品、传统跟团游产品、团购产品，这也是各大预订类旅游网站在线销售旅游线路的三种主要模式。自由行产品主要提供"机 + 酒"的在线旅游产品，旅游者到达目的地后可自由选择所要游览参观的旅游景点；传统跟团游产品通常由旅行社全面安排吃、住、行、游、购、娱；团购产品是指一定数量的游客通过互联网渠道组团，以较低折扣购买的旅游线路、旅游景区（点）服务等。以上三种线路营销模式是旅游电子商务网站的主要销售模式，因此本书将三种都纳入统计范围之内。

1.3.2　数据获取途径与方法

1. 旅游网站数据获取

基于网站数据，统计泛长三角 41 个市级行政单元旅游产品名称，线路的空间转移，产品的价格、折扣、有效期，推出产品的经营商，表 1-2 显示了以去哪儿网为基础，以南京为起点、上海为终点拥有的在线购买量的线路信息统计结果示例。

表 1-2　去哪儿网：起点（南京）—终点（上海）

序号	旅游产品	空间转移	几日游	价格/元	购买人数	有效期/天	旅行社名称
1	苏州上海二日游	南京—苏州—上海	2	588	11	57	南京台旅观光国际旅行社有限公司
2	上海欢乐谷、自助观光二日游	南京—上海	2	468	7	51	南京台旅观光国际旅行社有限公司
3	华东五市纯玩游五日游	南京—无锡—杭州—苏州—上海	5	1280	4	54	南京金牌国际旅行社

注：本表中线路示例是在去哪儿网 2013 年的采集数据。

2. 相关统计资料查询

网络营销下的在线旅游流的数据获取主要依赖上述五大网站。而现实旅游流的数据获取均来自于 2013 年各市域国民经济和社会发展统计公报、2013 年《江苏统计年鉴》、2013 年《安徽统计年鉴》、2013 年《上海统计年鉴》、《浙江省旅游概览》，以及江苏省、安徽省、浙江省、上海市旅游政务网等网络平台和年鉴等。

3. 问卷调查

《中国国内旅游抽样调查资料》中只有省级流动的数据资料，但是以市域为单位的现实旅游流流动还无资料可查询，因此现实旅游流的流动数据的获取主要通过问卷调查获得。但研究对象范围较广，泛长三角 41 个市域最好都平均分布做旅游流流动路径调查，受时间、精力的限制，本书选取江苏省作为泛长三角的典型案例，研究在线旅游流与现实旅游流的结构差异。由此，作者分别于 2013 年 8 月和 10 月在江苏省 13 个市域开展问卷调查，获得江苏省现实旅游流流动数据。此外，为了更好地进行后续的旅游流动力机制研究，本书还设计了旅游者对在线旅游产品的信息关注与购买态度调查问卷，调查表见附录，通过问卷数据研究网络信息对在线旅游流的拉力特征。

1.4　本书的创新之处

1. 数据获取的创新：基于在线旅游产品信息的数据获取途径

在线旅游产品信息详细地记录了游客在市域之间的流动信息，不仅描述了流向，还可以通过购买量获得流量的大小。通过 Web 文本的数据挖掘，发现其潜在蕴含的空间信息，构建关系矩阵，为游客流动网络研究提供支撑，也为旅游地理学空间分析提供了一种崭新的数据获取途径。

2. 研究视角的创新：突破传统旅游流研究

旅游流的研究是旅游地理学研究相对成熟的领域，以往更多的是研究发生于地理空间中的实际旅游流。而随着信息化时代的到来，网络成为人们生活不可或缺的媒体，更成为旅游者、旅游企业开展旅游活动的重要信息渠道。在信息化背景之下，探索性地研究在线旅游流及动力机制是旅游流研究内容的拓展，也是信息化时代新的研究命题。

3. 研究内容的创新：在线旅游流空间结构研究

关于在线旅游及旅游者的在线消费行为已经有一定的研究成果，此外在线旅游流的时间特征也受到一些学者的关注，然而从空间属性方面研究在线旅游流的成果还很少，基本处于空白。在线旅游流空间结构研究是旅游地理学者对网络空间新的探索领域，是对旅游信息地理学的进一步丰富。此外，尝试性地探索线上与线下旅游流空间结构的差异更是对当今旅游业线上与线下相互整合、相互扶持的需求响应。

1.5　本 章 小 结

信息技术的快速发展为旅游业带来了前所未有的机遇和挑战。在线旅游革新了传统旅游企业的商业模式，大大地改变了旅游信息的传播方式及旅游者的旅游消费行为。因此旅游者在线消费行为及以此为基础形成的旅游流流动是信息化背景下值得研究和学习的新课题。

旅游者基于网络的旅游消费行为是其旅游需求在网络上的表现，通过网络平台收集旅游者消费行为，尤其是旅游者在在线旅游产品购买中表现出的流动信息是研究在线旅游流空间流动的基础数据。本章阐释了为什么要研究在线旅游流空间结构、如何研究在线旅游流空间结构、如何通过网络获取在线旅游流流动信息，从而为后续的研究提供第一手的数据来源和研究准备。

第 2 章　在线旅游流空间结构研究基础及相关理论

2.1　旅游流研究基础

2.1.1　旅游流研究情况

自旅游研究开始，旅游流作为旅游学与地理学的交叉学科，便吸引了相关学者对该领域的较多关注。张佑印等（2013）提到国外学者早在 20 世纪 60 年代就开始对旅游流空间模式及旅游流影响进行研究，以坎普贝尔（Campbell）、冈恩（Gunn）、皮尔斯（Pearce）及蒂莫西（Timothy）为代表的一批国外学者成为旅游流相关研究的奠基者。

国内关于旅游流的研究起源于 20 世纪 80 年代，郭来喜、保继刚、张捷、张凌云、马耀峰、陆林、崔凤军、唐顺铁等一批学者开创了我国旅游流研究的先河，先后对旅游流的理论框架、空间模式、旅游者行为模式进行了系统研究。以"旅游流"为关键词对中国知网所有文献进行搜索（图 2-1），共搜索到 1994～2013 年关于旅游流的文献资料 2855 篇。1994～2003 年，众学者关于旅游流的研究一直保持较高的热情度，旅游流文献研究量一直处于平稳上升状态，2006 年旅游流的研究文献踏上了新的台阶，数量较 2005 年增幅较大。

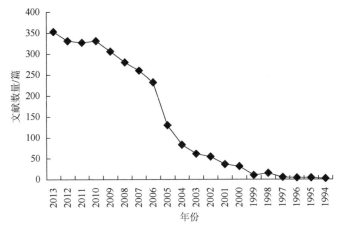

图 2-1　以"旅游流"为关键词在中国知网搜索的 1994～2013 年文献数量

　　总体来看，经过近 20 年的发展，旅游流的相关研究已取得显著成绩。2000 年以前，关于旅游流的研究主要集中在旅游流的预测，旅游流市场细分，旅游流空间结构变化研究，包括研究旅游目的地的分布规律、旅游者的时空分布特征等，还有学者利用数理模型分析旅游流的空间结构及分配规律，包括距离衰减、引力模型的应用等，但总的来说该时期对旅游流的研究重在单层次节点的研究，即旅游客源地或者旅游目的地。2000 年以后，研究焦点集中在两个方面，一是旅游流预测，不是以单个旅游目的地或区域预测为主，而是分析区域之间旅游流的流量关系、流量预测方法及模型，用较为复杂的结构模型，如空间自相关模型、集聚模型来预测旅游流；二是研究旅游流空间分异规律，分析旅游流在一个国家内部的空间位移及分布特征，包括城市之间的流动模式研究、多个目的地之间及目的地内部的位移规律研究。分析可知，2000 年以后对于旅游流的研究不是仅着眼于单个旅游目的地或者旅游客源地，研究对象往往集中在旅游活动体系。

　　在认真梳理国内与国外学者研究成果的基础上，作者发现无论是国内还是国外，旅游流的研究都主要集中在如下 6 个方面。

　　1）旅游流概念内涵及理论框架研究

　　对于旅游流概念内涵的研究，在国外鲜有学者进行专门探讨，而在国内却引起了较为广泛的讨论。当前受学界认可的概念主要包括广义和狭义两种。其中，广义的概念是由郭来喜、唐顺铁、陆林等学者提出的，即旅游流是指客源地与目的地及目的地与目的地之间的单向、双向旅游客流、信息流、资金流、物质流、能量流和文化流的集合（唐顺铁和郭来喜，1998）。而狭义概念主要是由保继刚、谢彦君、马耀峰等学者提出的，即在一个区域上由旅游需求的近似而引起的旅游者集体性空间位移现象，具体是指旅游者从客源地向目的地流动的人群数量和流动模式（马耀峰等，1999）。从这些概念来看，广义旅游流由于涉及范围过广，有些内容被认为和旅游的关系较弱，所以受学者质疑较多，多数学者采用的是狭义旅游流概念。

　　对于旅游流理论框架的研究，唐顺铁和郭来喜（1998）的旅游流概念很好地界定了广义旅游流研究的边界，即旅游流的研究对象不仅包括旅游者的流动，同时还包括旅游者流动所产生的资金流、信息流、物质流、能量流和文化流；谢彦君（2004）对狭义旅游流概念进行了界定，认为旅游流特征主要包括流向、流量和时间三方面。总体来看，虽然国外对于旅游流概念及理论框架的研究较少，但国内却进行了较为深入的研究。

　　2）旅游流的空间模式研究

　　旅游流的空间模式反映了旅游流在空间上的流动规律。比较成熟的空间模式有坎普贝尔提出的游憩与度假地旅游流空间模式（Campbell，1967）、斯图尔特和沃格特提出的多目的地旅游流空间模式（Stewart and Vogt，1997）、伦德格伦提出的单目的地旅游流空间模式（Lundgren，1984）及麦克彻和劳提出的旅游目的地内部游客流动的模式（Mckercher and Lau，2008）等。旅游流尺度多样的空间模式研究能够使旅游目的地更清楚地了解旅游者的行为规律，同时也能更好地服务于线路设计者。旅游流空间模式研究主要是分析旅游者从客源地到目的地流动过程中在空间上所形成的轨迹。该部分研究内容属于旅游流特征中"流向"的范畴，该部分研究内容也成为国内学者关注的重点，形成了一些比较成熟的旅游流空间模式结构，如保继刚和楚义芳（1999）提出的多尺度旅游流空间模式，吴必虎（1994）提出的环城游憩带（ReBAM）旅游流空间模式，张佑印（2010）提出的入境旅游流逐级递减集散模式，薛莹（2006）提出的区域自组织演化中旅游流的内聚模式。总体来看，旅游流空间模式的研究取得了大量成果，并形成了相对成熟的结论。然而，以往学者对旅游流的分析多集中在大、中尺度的分析，对于微观尺度的旅游流空间模式分析相对较少，如对景区内部旅游流空间模式的分析明显不足。

　　3）旅游流流量的研究

　　对旅游流流量的研究主要集中在统计分析与预测方面。例如，皮尔斯对到欧洲的日本客流流量进行了分析（Pearce，1995），田中喜一对日本游客在中欧的流量、流动模式和趋势进行了分析预测（Mitsutake，1998），金和穆萨对澳大利亚国际旅游流量进行了预测（Kim and Moosa，2005），奥珀曼对马来西亚的国内旅游流流量进行了分析（Oppermann，1992），约翰斯顿对加拿大北极地区客流流量及其法律控制措施进行了探讨（Johnston，1997），麦克彻和劳对旅游目的地内部旅游流流量进行了分析（Mckercher and Lau，2008）。从研究案例涉及的区域尺度来看，国外学者在大尺度区域旅游流方面的研究相对较多，中、小尺度研究相对较少。

　　在国内，学者对旅游流流量的研究不仅集中在现状的统计分析和预测方面，近年来也开始有学者关注旅游流流量的调控问题，但数量相对较少。另外，国内学者在旅游流流量研究方面涉及的区域比较丰富，不仅包括大尺度的旅游流流量分析，同时还包括中、小尺度的旅游流流量分析。其中，大尺度的研究一方面是对我国出入境旅游流的分析，如李振亭等（2012）对近20年来中国入境旅游流流量进行了分析，马耀峰等（2001）研究了我国东西部典型旅游区之间的旅游流流量。另一方面是对特定旅游主题的大区域旅游流进行研究，如丝绸之路旅游流流量分析、京杭大运河沿线旅游流流量分析。中尺度的相关研究成果主要是对一些旅游区内部旅游流流量进行分析，在我国涉及的区域主要包括长三角、环渤海、珠三角、环北部湾、成渝等旅游发达区域；小尺度的研究主要是分析省域、市域内部的旅游流流量，当前研究成果涉及较多的城市分别是北京、上海、南京、成都、西安等传统旅游城市（杨兴柱等，2007）。近年来，也有学者开始对景区尺度的旅游流流量进行研究，如牛亚菲等（2005）分析北京市183个景区的旅游客流变化规律及变化动因，徐红罡和薛丹（2011）以西递、宏村为研究案例分析了景区内旅游流流量的情况。总体来看，国内学者对旅游流流量的研究数量相对最多，研究重点也比较相似，涉及的案例区域也尤为广泛。国内学者对旅游流流量的分析不仅集中在现状分析与预测方面，同时还关注了旅游流流量的调控问题，为市场营销及景区可持续发展提供基础，涉及的区域尺度也相对较全。

4）旅游流动力机制研究

国外学者对旅游流动力机制的研究相对较少，但却奠定了旅游流动力机制研究的基础。丹恩（Dann）早在 1981 年就将托尔曼（Tolman）的推拉理论应用于旅游研究领域，从而产生了旅游学中著名的推拉理论。Muzaffer 等（1993）对"推力"因素和"拉力"因素赋予了较为明确的含义。Gnoth（1997）提出动机和期望形成过程模型。Goossens（2000）提出享乐旅游动机模型，又称为倾向刺激反应模型，特别强调"推"和"拉"的联系，认为"推"和"拉"是一个动机硬币的两面，在旅游者的大脑中紧密融合。空间相互作用是旅游流形成的另一重要的理论基础。有关空间相互作用的模型研究较多，但主要是根据引力模型来分析和确定空间动力因素。引力模型主要强调两个基本要素：规模影响和距离影响。早期的旅游需求文献主要集中使用引力模型及修正的引力模型（Crampon，1966；Wolfe，1972）。一位旅游者可能首先考虑所选择目的地的距离影响，距离又进一步影响他的停留时间和成本限制。Lancaster（1971）提出了产品特性理论，认为产品有自己的属性特征，消费者的效用源于产品属性。消费者感兴趣的是产品的特性，对某种产品的偏爱，也许是为了得到它的某种特性而已。Lancaster 的产品特性理论是新出现的消费者需求理论之一，着眼点和立足点实际上都是旅游者，核心内容强调旅游者属性和旅游目的地属性对旅游目的地选择效用的影响。

国内关于旅游流动力机理的研究主要是借助推拉理论、"O-D"理论及驱动力理论进行分析，得出旅游流动力系统是由旅游者的内部驱动力（内推力）、旅游客源地的外部驱动力（外推力）、旅游目的地的外部驱动力（拉力）及旅游流阻力共同形成合力系统的结论（杨兴柱等，2011；张佑印等，2012）。在旅游者的内部驱动力方面，郭英之（1999）阐述了影响旅游者行为的因素，间接分析了旅游流的动力机制。在旅游客源地的外部驱动力（外推力）方面，保继刚等（2002）提出客源地人口规模和经济水平影响旅游流的流动范围和模式。张捷等（1999）提出了区域经济发展水平是影响旅游者出游的主要指标。吴必虎等（1997）提出了居民可自由支配收入水平对旅游流的影响。在旅游目的地的外部驱动力（拉力）方面，保继刚和龙江智（2005）提出了城市旅游的驱动力主要包括旅游资源、区位特征、经济水平等因素。而彭华（1999）认为，旅游产品是拉动旅游流流动的核心因素。在旅游流阻力方面，保继刚（1992）将距离、文化水平和经济发展程度设为影响客流的主要因素。吴晋峰和包浩生（2005）认为距离是影响旅游流的主要因素，而吴必虎（1994）则认为距离和交通便利度是影响旅游流的主要因素。总体来看，国内学者在旅游流动力机制方面的研究相对较多且比较透彻，然而，当前研究主要还是借助物理学理论方法中的推拉理论，对于其他学科理论方法的尝试相对较少，所以借助其他学科理论方法对旅游流动力机制的研究应成为该领域未来的研究方向。

5）旅游流流动效应研究

从国外学者对旅游流流动效应的研究来看，早期基于引力模型的研究，得到了学界的广泛应用。里德（Reed，1997）分析了权利、关系及社区对旅游流空间模式的影响。马尔罗库和帕西（Marrocu and Paci，2011）分析了旅游流所携带的各种信息流及其对区域的影响。

在国内，长期以来一直有学者对旅游流流动效应进行研究。从具体研究内容来看主要集中在 3 个方面：一是旅游流对社区的影响研究。该部分的研究始于 20 世纪 90 年代，学者开始关注旅游发展给当地居民和团体所带来的影响（戴凡和保继刚，1996；刘赵平，1998；黄洁和吴赞科，2003；郭伟和陆旸，2005；刘葆等，2005；李志飞，2006）。研究区域大多侧重于少数民族地区和偏远农村区域。也有称为示范效应的研究，如在中国的一些穷困地区，青年居民更容易受到一些收入较高的游客的影响。直到近几年，研究者才开始将研究方向转向旅游名胜地所带来的影响。二是旅游流空间场效应的研究。章锦河等（2005b）较早引入空间场论对我国区域旅游流空间格局进行了分析。马耀峰等（2008）以四川省为例，分析了旅游流的空间场效应。王永明等（2010）分析了上海入境旅游流对长江流域各省区的空间场效应。王利鑫等（2011）分析了上海世博会对周边城市的辐射效应。这些对旅游流空间辐射效应的研究无疑是一个很大的推进。三是从地理学角度入手展开的研究，如史春云等（2007）基于核心—边缘空间理论对四川省旅游区域空间格局演变进行了分析。文琦等（2009）基于地理集中指数对 1995～2006 年入境旅游目的地空间形态及演变进行分析。总体来看，旅游流流动效应的分析也取得了较为丰富的成果，然而，以往研究涉及的流动效应主要集中在对社区居民、区域经济及历史文化等方面的影响，对旅游流流动所产生的生态效应、空间效应及区域发展与旅游流之间的相互作用研究还相对较少，这些均应成为该领域未来的研究方向。

6）旅游流研究方法的应用

从旅游流相关研究方法来看，早期在对旅游流相关理论框架及概念特征研究时，国内外学者主要采用定性的研究方法，其中，应用较多的方法主要包括观察法、访谈法、归纳总结法、对比分析法、德尔菲法和头脑风暴法等，这些方法为旅游流理论框架的构建提供了坚实的基础。然而，由于前期定性研究方法多是基于专家学者的归纳总结及经验判断，所以均具有一定的主观性和专业偏向性，主要偏向地理学、经济学和管理学 3 个方面。随着当前旅游流研究内容和对象的不断深入和细化，定性的研究方法已经无法满足当前研究的需求，而定量的研究方法逐渐成为旅游流研究的主要方法。旅游流定量研究方法主要是借鉴和修正相关学科领域的一些成熟的方法，主要包括计量统计法、GIS 空间分析法、物理学理论法、社会学网络分析法、区域经济学理论法及其他相关方法。其中，计量统计法作为基本量化分析手段在旅游流相关研究中得到广泛运用，如运用模糊综合评价分析区域内部旅游流份额关系（卞显红等，2007）；运用 Zipf（齐普夫）指标和差异度指标分析旅游流的空间结构和差异特征（杨国良等，2006）；GIS 空间分析法作为展示旅游流空间结构的主要手段也被大量运用到旅游流分析当中。由于旅游流内在机理的抽象表现具有较强的物理学特征，所以物理学理论法也成为旅游流研究的主要方法。其中，运用较多的首先是借助推拉理论分析旅游流的动力机制（郑鹏等，2010），其次是运用重力模型分析旅游流时空演化（李创新等，2010），再次是运用空间场效应分析旅游流的辐射效应（章锦河等，2005a，2005b）。也有学者运用物理学中的辐射、折射分析旅游流的流动动力（李创新，2011）。社会学网络分析法出现于 20 世纪 50～60 年代，在社会学、经济学、管理学等学科得到了广泛应用（吴晋峰和潘旭莉，2010）。近年来，社会学网络分析法也被引入旅游流分析，学者运用社会学网络分析的核心思想，真正以各种"关系"作为研究的基点，探讨各种关系所构成的旅游流网络形成、演化与旅游过程及旅游目的地发展的内在联系。除了以上 4 种主要研究方法之外，也有学者运用经济学中的边际效益、管理学中的决策分析及系统仿真等相关方法对旅游流进行分析和研究，但相关研究成果多是运用到旅游流研究的某一点上，系统性运用相对较少。

2.1.2　旅游流研究启发

1. 数据获取方面

学者在研究旅游流流量及预测、旅游流空间模式、旅游流影响效应等方面的研究数据大多来自于对客流的问卷调查、相关的旅游统计及区域经济发展资料，数据获取的方式单一，未体现出信息技术对于旅游流数据采集的重要作用。随着大数据时代的兴起，旅游流数据不仅可以来自于现实旅游活动，网络旅游信息也成了展示旅游目的地信息及游客决策信息的重要方式，因此尝试多方式的获得旅游流的研究数据很有必要，特别是从旅游网络信息中抓取旅游流的研究数据。从旅游网络信息中抓取获得的旅游流数据不仅体现了网络信息对旅游流形成的影响，同时也表征着客源市场对旅游产品的偏好与选择决策。

2. 研究内容方面

随着信息技术的发展，传统的线下旅游产品销售所占比例逐渐降低，而线上旅游产品的销售与推广得到了飞速发展。中国国际旅行社总社有限公司近年来线上与线下销售达到了均衡式发展，线上与线下实现了整合。信息改变了人们的生活方式，也大大改变了人们购买旅游产品的方式，在线购买量迅速提高，在线购买信息成了市场决策行为的表征。传统的旅游流研究更多的是关注现实旅游流的流量及预测、旅游流空间模式、旅游流形成动力机制，但对网络信息表征的在线旅游流流量、旅游流空间模式、旅游流形成动力机制研究较少，而将在线旅游流与现实旅游流进行对比研究的则是少上加少。吴晋峰等在 2013 年对我国旅游流研究进行综述，提到我国旅游流研究中的 6 个不足，其中一个即重旅游客流研究，轻旅游信息流、物流和能流的研究。他提出应该加强旅游信息流的研究，为旅游市场和蓬勃发展的旅游电子商务提供指导。实际上在线旅游流就是旅游者在旅游电子商务平台上所展现出来的旅游信息。有研究显示，在线旅游流是现实旅游流的征兆，能够通过预先干扰实现对现实旅游流的管理。因此，本书将借助网络旅游信息，实现在线旅游流流量、流向的研究，并且依据旅游网络信息构建信息拉力模型，利用结构方程模型、QAP 相关分析等研究方法来研究在线旅游流动力机制，还探索性地研究线上旅游流与线下旅游流在流量、流向、动力机制等方面的差异。

3. 研究方法方面

旅游流研究方法十分多样，从定性研究走向了定量研究，定量研究方法也在不断更新，正是因为定量研究方法的不断更新，旅游流的流量、流向研究才会越加深入。总体来看，众学者运用了多种理论方法对旅游流进行了深入、系统的研究，并逐步从定性分析、描述统计的研究方法向模型构建、网络分析、系统仿真的纵深方向发展。但是众多学者对方法的应用比较单一，缺乏综合运用，本书尝试性地运用多种研究方法，实现综合研究，同时利用 GIS 技术这一空间分析利器，实现空间结构的良好表达。

2.2　旅游流空间结构研究基础

2.2.1　旅游流空间结构研究情况

旅游流是旅游地理学的重要研究内容，而旅游流空间结构是旅游流研究的重中之重，自 20 世纪 50 年代一直受到旅游地理学者的关注。旅游流空间结构是旅游者流动过程中的空间相互作用的结果，映射了旅游活动的空间属性，旅游流的空间结构在一定程度上反映旅游者的旅游活动规律、旅游线路的设计及区域旅游要素的空间格局。但总的来说，旅游流空间结构研究可归结为如下三个层次的研究。

1. 单点层次的旅游流空间结构研究

旅游资源具有不可移动性，人要实现旅游需求，旅游流的流动不可避免。旅游流在流动过程中涉及节点、路径及旅游系统。当旅游者在旅行过程中选择单一目的地时，则表现出单点层次的旅游流空间结构。

由于旅游流的流动，产生了旅游客源地和旅游目的地两个节点。旅游客源地是指旅游者长期、稳定的生活居所所在地。而旅游目的地是指满足旅游者旅游需求，能够吸引旅游者在该地停留参观的地方。可以认为，单点层次的旅游流空间结构研究主要围绕旅游客源地或者旅游目的地开展旅游流研究，其更多地表现为流量在空间上的变化。

单点层次的旅游流空间结构模式最为典型的空间结构为圈层结构，圈层结构与地理学距离衰减第一法则相吻合，圈层空间结构实则是空间摩擦对客源的影响。旅游客源市场由于受到空间距离的摩擦呈现出一定的距离衰减性，随着距离的增加，旅行成本随之增加，旅行消耗增大，旅游流规模呈现距离衰减特征，这种衰减特征形成了游憩出游圈层结构。圈层结构来源于引力模型，Crampon（1967）首先证明引力模型在旅游研究中的作用；Wolfe（1972）对旅游市场的引力模型进行修正和完善；张捷等（1999）以九寨沟客源市场为研究案例，给出了九寨沟游客距离衰减曲线及具体的衰减指数。而旅游目的地也存在同样的圈层结构，靳诚（2009）以整个长三角为研究区域，研究区域内部旅游流空间结构，发现长三角旅游流空间结构形成了以上海为中心的圈层结构。

圈层空间结构是以单一客源地或者单一目的地为基础提炼出来的旅游客源地或者目的地空间结构，但实际上旅游者出游往往表现为多目的地，因此圈层空间结构是单一旅游客源地或者目的地研究下的空间结构模式。此外，圈层空间结构是旅游交通较为均值条件下总结出的旅游流空间结构模式，即使是单点层次的旅游流空间结构也未必呈现出典型的圈层结构。交通的发展、消费门槛的提高、消费偏好等的影响使得圈层结构出现变异，如钟士恩等（2007）以庐山为例，对比1999 年和 2006 年两个时间段旅游客源市场，证实庐山旅游客源市场为"圈层飞地"型空间结构。

2. 点对点层次的旅游流空间结构研究

核心-边缘结构显示了旅游活动在空间上的效应，可以有效地解释旅游业发展水平较低的区域与旅游业发展水平较高的区域之间的关系。核心-边缘结构的研究对旅游要素的投入、旅游营销工作的开展都具有非常重要的意义。

核心-边缘理论的提出源于奥德尔（Odell）在《区域发展政策》一书中的系统阐述，国外学者 Murphy 和 Andressen（1988）、Zurick（1992）将核心-边缘理论引入旅游研究中。国内学者随之也参与到核心-边缘结构的研究，史春云等（2007）曾用首位分布和位序-规模分布理论对四川省各地市的旅游发展情况进行分析，揭示了四川省旅游核心-边缘结构的演变过程。梁美玉和史春云（2009）以长三角为研究对象，利用首位分布和位序-规模分布的研究方法，对长三角的旅游城市核心-边缘结构进行实证研究，揭示了旅游城市的空间演变过程。刘法建（2010）利用社会学网络分析法揭示了中国入境旅游流的四大核心板块，同时认为四大核心板块对边缘成员的"涓滴效应"十分有限。卞显红（2010）探讨了长三角城市旅游核心-边缘结构，指出长三角呈现多层次、多核心的城市旅游核心-边缘结构体系特征，其中上海市是长三角的极核城市，它指出核心-边缘结构的主要作用机制源于城市交通枢纽。唐仲霞等（2011）以陕西省为例，利用核心-边缘理论研究陕西省入境旅游流区域空间结构的时空演变。研究发现，陕西省入境旅游流核心-边缘结构发育比较典型，西安市为支配核心，其他城市则处于边缘。段荣和任黎秀（2012）以江苏省为例，探讨江苏省入境旅游空间结构，发现江苏省入境旅游流核心-边缘结构典型，核心城市——苏州市首位分布显著。

在以往的旅游研究中可以发现，学者对核心-边缘结构的探讨多利用首位法则、规模法则等方法进行研究，其研究结构很好地体现了空间的特征，但是核心-边缘结构不仅仅只体现为空间的特征，还要深入研究核心与边缘的依赖和被依赖关系及依赖和被依赖的程度，即作用的关系强度到底有多大，而关系的作用强度则需要社会学网络分析工具才能更好地解决。

3. 多点层次的旅游流空间扩散研究

旅游流在流动过程中往往不只是流向单个节点，随着国内游及出境游价格的平民化，旅游流往往在多个旅游目的地之间流动，同时旅游目的地也有可能是旅游客源地，旅游客源地与旅游目的地互相重叠及旅行的多目的地性使得旅游目的地系统及旅游流空间结构越发复杂。旅游流在旅游系统中的流动路径形成了多种旅游流空间模式。尤其近几年社会学网络分析法运用于旅游流的研究使得旅游流流动背后的空间关系日趋明朗，因此旅游流流动的空间模式研究取得了较为显著的成果，未来多点层次的旅游流空间流动模式研究仍将是旅游流研究的重点内容。

旅游流的空间扩散是从动态机制上研究旅游流的空间分布、流动过程。围绕空间扩散研究，国外现已形成几种扩散模型，如 Lundgren（1984）提出的旅游流空间等级模型；Britton（1980）提出的旅游流集聚扩散模型。

Lundgren 把旅游目的地分为 4 个层次，分别为都市目的地、外围城市目的地、外围乡村目的地和自然环境目的地。由于目的地的等级不同，旅游流在不同等级旅游目的地之间存在扩散，且扩散程度有所差异，如集中度比较高的都市目的地承担着旅游客源地和旅游目的地的双重功能，相互产生大规模的旅游流，并拥有较好的交通网络体系。而自然环境目的地距离旅游客源地较远，人口规模较小，经济发展落后，其旅游的发展表现为完全依赖客源地。Britton 研究了一般国际旅行的等级集聚和扩散行为，都市核心区旅游流沿着本地、区域、国家三个空间尺度，垂直向上集聚，完成了旅游流空间转移。在外围城市目的地则研究国家中心城市、飞地、乡村区域三个空间节点垂直向下扩散。

　　国内学者也非常关注旅游流的空间扩散研究，吴必虎（1994）提出环城游憩带旅游流空间模式，并通过等游线的研究方法发现上海市居民一日游存在明显的方向性倾向，这种方向性表现为指向城市中心及近郊游憩地；保继刚和楚义芳（1999）提出了多尺度旅游流空间模式；马耀峰和李永军（2000）运用经典的地理空间分析法，研究了来华入境旅游流、入境后旅游流空间扩散规律；章锦河等（2005b）从空间场效应角度采用因子分析法，对 1999～2003 年国内旅游流的产生、分配、集聚、扩散的基本特征进行分析，结果发现国内已经形成四大旅游流产生地和五大旅游流集聚地，集聚场与扩散场等级结构受到 $K = 3$（K 为集聚场核的个数）市场原则支配。薛莹（2006）提出区域自组织演化中旅游流的内聚模式；杨兴柱等（2007）利用社会学网络分析法构建了南京市旅游流网络结构，分析旅游流在不同等级节点之间的流动，他们根据 Dredge 提出的旅游目的地 3 种空间结构模型，结合南京市旅游空间网络结构特征，判定南京市城市旅游空间发展阶段及布局模式为发展阶段的多节点布局模式；杨国良（2008）在《旅游流空间扩散》一书中，对旅游流的扩散方向和路径做了详细的阐述，将旅游流扩散路径分为了两大类、六小类；钟士恩等（2009）则对旅游流空间模式的基本理论及问题进行辨析，对旅游流空间扩散的空间模式进行总结，最终将旅游流空间模式基本理论梳理为 3 种：圈层结构理论、核心-边缘理论、空间扩散理论；张佑印等（2012）提出入境旅游流逐级递减集散模式，并以北京市为例，运用聚类分析，将北京市 15 条聚集流分为四大股聚集流。国内外研究显示旅游流空间扩散与集聚都存在明显的方向性，主要是因为区域边界的限制、旅游资源的分布、交通网络结构、旅游线路的设计、区域历史文化经济联系等因素的作用。

2.2.2 　旅游流空间结构研究启发

　　旅游流的流动形成的空间结构模式研究已经进入多目的地旅游系统研究层次阶段，旅游流到达目的地后会随着旅游线路的引导、旅游资源的分布、旅游交通线路的引导、区域经济的影响等实现流动。

1. 研究方法方面

旅游流空间结构的研究方法十分多样，例如，麦克斯韦-玻尔兹曼（Maxwell-Boltzman）空间使用曲线、位序-规模、首位法则、引力模型、旅游吸引半径、基尼系数、不平衡指数、转移态矩阵模型、统治流分析技术、GIS 空间分析法。从2007 年开始，社会学网络分析法被引入旅游学研究中，运用于旅游流空间结构研究。社会学网络分析法的运用使旅游流空间相互作用关系进一步明晰，旅游流网络研究成果不断推陈出新。旅游流研究方法的多样性使得旅游流的研究更加深入，因此未来旅游流空间结构的研究应综合运用各种方法。

2. 研究层次方面

从旅游流的空间结构研究层次来看，旅游流空间结构研究具有层次性，早期主要是开展单点旅游客源地或者旅游目的地的研究，而近期主要集中于多目的地旅游流空间结构研究。实质上旅游流空间结构的研究具有系统性，不仅要研究单点层次的旅游流空间结构，也要开展多目的地旅游流空间结构研究，因此本书比较系统地从单点层次及多点层次开展旅游流空间结构研究。

3. 研究内容方面

以往旅游流的研究内容比较注重已经发生的旅游流空间结构的研究，对网络技术发展带来在线信息表征的旅游流空间结构研究较少，而在线信息表征的旅游流空间结构是旅游企业、旅游网站、旅游者决策的多重作用下的结果，反映了旅游目的地网络营销的工作开展情况，因此旅游流的空间结构研究不仅要关注现实旅游流空间结构的研究，更应该关注时代发展背景下的多形态旅游流空间结构研究，甚至实现信息表征下的旅游流空间结构与现实旅游流空间结构的对比研究。这也是本书研究的重要视角和重要内容。

2.3　在线旅游信息研究基础

2.3.1　在线旅游信息研究情况

随着互联网的发展，网络已经成为信息的重要载体，由于旅游业本质上是旅游者获得信息需求，因此网络与旅游业有着天然的结合优势，互联网已经成为旅游信息源，影响着旅游者的消费决策。旅游企业利用网络平台进行产品宣传和在线预订；旅游目的地利用网络平台开展目的地旅游信息宣传与管理；旅游网站企业利用网络为旅游企业及旅游目的地开展信息宣传和产品销售，从而从中获得经济收入；消费者利用网络获取旅游目的地和旅游产品信息，从而做出有效的旅游决策。总之，互联网已经成为旅游信息源，互联网所承载的旅游信息不仅包含旅游产品、旅游目的地、旅游企业等，还包括由于旅游者自身的网络操作痕迹而形成的旅游信息。由此在信息技术快速发展的背景之下，在线旅游信息成为旅游研究者开展旅游消费行为、旅游产品营销等的研究利器。对国内外在线旅游信息相关文献进行梳理，以在线旅游信息对旅游者旅游活动的影响为逻辑主线，将在线旅游信息研究归纳为如下几个方面的研究。

1. 在线旅游信息概念及规律研究

旅游信息通常被认为是指与旅游活动有关的信息，包括吃、住、行、游、购、娱六大产业链信息，旅游信息的传播载体很多，如报纸、广告、旅行社门市部门及网络。网络作为旅游信息的传播载体表现出强大的生命力，如旅游电子商务平台成为旅游产品信息的重要展示平台，微博、微信成为传播旅游信息的重要渠道。梁明英和王丽娜（2008）认为在线旅游信息是指包含旅游信息的各种网站、网页等，是利用网络技术，从旅游专业角度，整合传统旅游资源，提供全方位多层次的网上旅游服务的场所，是旅游信息系统的传输媒介和人—人、人—机交流的窗口，由此可见梁明英和王丽娜强调在线的媒体平台作用。杨敏（2012）认为在线旅游信息是指利用网络媒介对旅游现象的本质、特征和规律进行客观反映，其是从旅游活动的角度来审视在线旅游信息的。

在线旅游信息的规律研究主要集中在在线旅游者行为信息的规律研究方面，有学者称其为网络旅游信息流的规律研究。张秋娈（2011）通过百度等网络搜索引擎和网站访问量统计工具获得了多个旅游网站分省访问量资料，深入研究了旅游网站信息流距离衰减集中度现象。杨小彦和张秋娈（2010）以 24 个旅游网站分省访问量资料，利用区位熵、空间洛伦茨曲线、基尼系数三指标对衰减集中度进行了计算。邓丽丽和张秋娈（2011）对不同类型的旅游网站，即对以信息发布为主兼有预订功能、论坛为主、预订为主兼有信息发布功能、政务为主 4 类旅游网站的旅游访问信息流距离衰减的特征和差异开展研究，从而较为透彻地展现了旅游网站访问信息流的流动规律。基于旅游在线访问资料的在线旅游信息流的研究为旅游企业网络营销提供了一定的指导。

2. 在线旅游信息与旅游流的关系研究

在线旅游信息与旅游流之间的关系研究逐渐受到国内外学者的关注。在线旅游信息对旅游流的影响，实质上是旅游者获取在线信息、转化知识，进而做出旅游决策的过程。从 20 世纪 90 年代开始，国内外学者对在线信息与旅游流之间的关系开展了一系列实证研究。Lexhagen（2005）调查了旅游企业通过旅游网站信息流为旅游者提供优质服务,从而促进旅游者购买的重要性。孙中伟和路紫(2007)研究了中澳留学网站信息流对留学人流的导引作用机理。而随着在线旅游信息的建设与发展,在线旅游信息与旅游流的关系研究也越发受到重视。路紫和刘娜(2007)研究了澳大利亚旅游网站信息流对旅游人流的导引过程、强度和机理问题。杨敏(2012)以澳大利亚入境旅游流为例,研究网站信息流与入境旅游流的虚拟-现实(virtual-real, V-R)耦合关系。方世巧等(2012)基于百度搜索研究西安市 A 级景区信息与旅游流耦合关系。冯娜和李君轶(2014)探讨我国城市外向在线旅游信息与入境旅游流之间的耦合关系,研究发现,外向在线旅游信息流指数较高的城市往往知名度较高,城市外向在线旅游信息流与入境旅游流之间呈现 4 种耦合关系。在线旅游信息与旅游流的关系研究证实在线旅游信息对旅游流具有导引作用。

3. 在线旅游信息与旅游者在线行为的研究

随着中国在线旅游市场的发展,网络旅游信息搜寻逐渐成为学者的关注点。国外学者对在线旅游市场的关注始于 20 世纪 90 年代末,从已有文献来看,国外学者主要研究旅游者在线搜寻行为,且主要集中于 4 个方面的研究:网络旅游信息需求与搜寻动机、搜寻内容偏好、搜寻行为特征、搜寻者特性。

在搜寻动机方面,国外学者 Childers 等(2001)和 Moe(2003)认为在线信息搜寻动机不仅包括了解产品相关知识等功利性动机,还包括享受游览商品的乐趣等享乐性动机。Hoffman 和 Novak(1996)把网络消费者的在线行为分为目标导向和经验导向,目标导向在于完成特定工作,经验导向在于传播产品信息、分享个人经验等。国内学者胡兴报和苏勤(2012)对国内旅游者网络旅游信息需求与搜寻动机和搜寻内容开展研究,发现旅游者网络旅游信息需求与搜寻动机可以分为规划型、交易型、体验型、娱乐型、消遣型。

在搜寻内容偏好方面,Xiang 和 Pan(2011)挖掘 Excite、AlltheWeb 和 AltaVista 三大搜索引擎的统计数据后,发现关于美国 18 个城市的旅游搜索信息中,交通和住宿最多,其次为景区景点,餐饮和购物最少。Choi 等(2007)得出的结果与上述结果相似。由此看来,旅游者搜寻酒店、机票等信息比较多。国内学者李君轶和杨敏(2013)基于关键词选择研究发现,信息搜寻中位于核心位置的关键词包括"目的地地名""门票""旅游""景点""客源地地名"等,这些核心位置关键词反映了旅游者在线旅游信息搜寻的主要内容。胡兴报和苏勤(2012)研究发现,旅游者在线旅游信息搜寻比较关注的首先是核心旅游信息,其次为辅助性旅游信息和网络口碑信息,他们还进一步研究不同搜寻动机与搜寻内容之间的关系。

在搜寻行为特征方面,网络旅游信息需求与搜寻行为特征的研究对于市场营销、旅游网站信息优化等具有非常重要的实践价值。Clemons 等(2002)研究发现，在线旅游消费者对产品的价格比较看重，他们愿意花费时间对不同网站的旅游产品价格进行比较。Cai 等（2004）研究发现，不同购买决策深入水平的旅游者，在网络信息渠道的选择上存在较大的差异。随着旅游电子商务的发展，越来越多的旅游者通过在线网络实现旅游产品的预订，Christou 和 Kassianidis（2002）对在线预订的优缺点进行研究发现，旅游者由于在线下旅行社购买产品具有时间压力，往往会转向在线预订。Coutts（2002）发现 72%的美国人会进行在线旅游信息搜索，其中 49%的美国人会进行在线购买，购买的在线产品主要是旅游产品，只有 11%的用户首次在线搜索就会产生购买行为。

在搜寻者特性方面，Luo 等（2004）研究发现，进行网络旅游信息搜寻的在线旅游者，在实际旅游活动中将会花费更多的旅游消费。Weber 和 Roehl（1999）研究发现在线旅游信息搜寻及预订的主体是高学历的中青年群体，同时女性相较于男性而言，网络旅游信息搜索的参与度更高，访问的旅游网站更多，访问频率更高。根据以上研究结论，很多旅游网站专门面对青年人推出经济型旅馆、国际青年旅馆，还专门为世界爱旅游的女性提供信息交换和经验交流的旅游社区网站。国内学者岑成德和梁婷（2007）以中山大学和华南理工大学在校学生为研究对象，研究高校学生旅游网络信息搜索行为的特征与偏好，并对旅游网站的建设提出了建议。王刚（2012）在研究结伴自助旅游者网络信息搜寻行为时发现，组织者在各阶段的信息搜寻努力都要高过参与者，旅游经验不足的参与者信息搜寻努力程度与传统团队游客并无太大差异。

4. 在线旅游信息的其他研究

旅游业为信息密集型产业，旅游信息对旅游市场开发至关重要。由于旅游产品的无形性，旅游者与旅游目的地信息往往不对称，因此需要研究旅游信息载体如旅游网站是否能实现信息的有效传递和引导。因此，有的学者探讨在线旅游信息对旅游地形象塑造的效果、在线旅游信息对游客满意度的影响等内容。钟栎娜和吴必虎（2007）提出了信息友好度概念，并且从英文旅游信息总量、英文旅游信息质量，以及各旅游城市的官方旅游网站的国际友好度方面，来分析世界知名的国际旅游城市与我国国际旅游城市网络营销时面对境外游客所呈现出来的信息友好程度。孙步忠等（2010）以南昌市为例，研究网络旅游信息传播对旅游地形象塑造的影响。

2.3.2　在线旅游信息研究启发

1. 研究内容方面

在线旅游信息的研究内容范围较广，包括在线旅游信息的内涵、在线旅游信息规律、在线旅游信息对旅游者的影响，如在线旅游信息对旅游流的导引、在线旅游信息引发的旅游者对信息的搜索行为。在线旅游信息对旅游企业和旅游目的地的影响，如在线旅游信息对旅游企业网络营销和旅游目的地形象塑造等方面的影响。总体来说，对在线旅游信息的研究遵循信息的传播过程，首先旅游者在信息源头获得在线旅游信息，然后对信息进行筛选和判别，最终借助于信息做出旅游决策，旅游者在线进行旅游决策依赖于信息对旅游目的地和旅游企业的塑造。

由此看来，在线旅游信息的研究内容已经形成一定的研究体系，特别是在旅游者对在线旅游信息搜寻方面的研究已经具有一定的成果。但对于在线旅游信息的内涵，如有的学者认为旅游信息仅仅指吃、住、行、游、购、娱六大要素信息，而未将旅游者作为旅游活动的要素之一纳入旅游信息的范畴之内，因此必须对旅游信息的内涵做进一步辨析。此外，关于在线旅游信息与旅游流的关系研究才刚刚起步，是目前的研究热点，该研究热点是对旅游流研究的进一步拓展，也是在线旅游信息的效用体现，继续深化该内容的研究十分有必要，也是未来在线旅游信息的重要研究方向之一。

2. 研究方法方面

上述在线旅游信息的研究内容主要运用定性与定量结合的方法。定性研究方法以描述为主，有的学者结合柱状图、曲线图等进行描述研究。定量研究方法主要运用旅游网络信息场强度、旅游网络信息导引力、网站信息流对现实人流的替代作用函数、网站信息流与旅游人流的相关性及耦合性分析方法、旅游网站信息流的齐普夫（Zipf）定律研究方法、旅游网站信息流距离衰减地理集中指数、指数模型、区位熵、基尼系数等研究方法。

由此可见，研究方法主要分为两种类型：一是主要研究网络信息流的方法，分为以描述性定性研究为主和以距离衰减为辅等研究方法；二是研究网络信息流与旅游人流关系的研究方法，主要以描述性定性比较研究及相关性分析、耦合性分析和信息场等为研究指标。从研究方法上来看，在线旅游信息与人流关系研究的方法比较少，仅仅局限于比较研究、相关性分析、耦合性分析等方法，更多的方法集中于信息流的研究，对于在线旅游信息与人流关系的研究方法还引入了新的方法和新的思维。

3. 研究数据方面

在线旅游信息研究数据的获取是研究在线旅游信息的关键，学者获得在线旅游信息的数据方法和途径十分多样，这也说明在线旅游信息源是非常丰富的。对数据获取途径进行归纳总结，主要有 4 种获取数据的方法：①利用网站访问量统计工具。以旅游者对旅游网站的访问为基础，通过百度、Google、CNZZ 等网络搜索引擎和网站访问量统计工具获取旅游者访问数据来开展研究。②实验法与问卷调查。利用实验法、问卷调查等研究旅游者在线搜寻行为。③文本挖掘技术。有的学者利用搜索引擎统计日志和文本挖掘技术研究旅游者的搜索行为；还有的学者对旅游网站信息，如对图片、文字、视频等的统计开展研究。④百度指数方法。利用百度指数提供的"用户关注度"功能，通过关键词搜索获得关注度数据来开展旅游者在线行为规律研究。

　　由于在线旅游信息十分丰富，因此获取信息的工具和渠道也十分多样，深度的数据挖掘十分有利于学者进行深入、有效的研究，因此，虽然网络信息数据的获取方法多种多样，但仍然需要进一步拓展和引入新的数据获取方法，如网络爬虫技术等。从数据获取的内容来看，更多的信息内容是关于旅游者在线搜索行为的信息，对当今发展十分迅速的旅游电子商务的在线旅游者购买信息关注较少，因此拓宽在线数据获取途径和内容仍然是众学者需要进一步关注的内容及今后深化研究的关键。

2.4　在线旅游流空间结构研究基础

　　在信息时代，网络信息成为人们关注的对象，有学者认为旅游信息的传播不是单向的，旅游者自身携带并传达给目的地居民、企业的信息也属于旅游信息研究的范畴。由此看来，旅游者本身所表现出的旅游活动规律、旅游决策行为、旅游评价等也是旅游信息的重要组成部分，该类信息反映了旅游信息传播的双向性。因此，基于网络空间的旅游者信息引起了学者的关注，而旅游者信息就是对网络空间的旅游流信息。国内学者路紫、吴士锋、张秋娈、邓丽丽等一批学者对网站信息流的空间衰减规律进行研究，他们所指的网站信息流就是旅游者在网络信息访问中的流向和取向。国内学者路紫、孙中伟、吴士锋、李山、龙茂兴还进一步研究网络信息如何实现对旅游流的引导，但大多是从时间特征上进行分析和探索。

　　从以往的研究来看，在线旅游流的研究已经具有一些初步的成果，然而从空间视角认知在线旅游流空间规律基本处于空白，原因主要有 3 个方面，一是旅游地理学者对网络数据获取技术不够，如路紫等学者通过 Alexa、CNZZ 等多种网络搜索引擎和网站访问量统计工具实现旅游者信息流的统计，这对于旅游地理学者而言是十分困难的；二是信息化时代学者对在线旅游流的关注滞后于现实发展，学者对信息化的全面到来关注还比较少，还停留在传统旅游流的研究中；三是在线旅游流空间研究相对较难，新的领域、新的科学命题在初始研究中总存在较多的困难，因此鲜有研究。

在线旅游流研究是信息化背景下传统旅游流研究的再生，是传统旅游流研究注入新的血液的开展。在信息背景下，深入探索和研究在线旅游流空间结构是旅游地理学者义不容辞的责任。从传统旅游流研究来看，时间和空间视角并举的旅游流研究缺一不可。尽管在线旅游流空间研究存在较多的困难与未知，但是正因如此才要对该命题进行探索和求知，这也是本书研究的意义和价值所在。

2.5　本书相关应用理论

2.5.1　区域空间结构理论

1. 区位理论

区位理论是一种关注人类活动及空间组织优化的理论，而旅游活动最大的特点便是空间上的活动，也自然有其自身的空间布局和空间优化问题。因此，区位理论受到旅游目的地及旅游规划者的关注。早期的区位理论主要包括：①杜能的农业区位理论，他指出了以城市为中心的由内向外的同心圆状分布的农业地带。②韦伯提出的工业区位理论，该理论的中心思想就是区位因子决定生产场所，将企业设置到生产费用最低、节约费用最多的节点。韦伯的工业区位理论至今仍然是工业布局的参考依据。③克里斯泰勒和勒施提出的中心地理论，中心地理论强调由于竞争机制的存在，每个中心地的服务区会变成稳定空间结构的六边形。中心地理论在旅游空间研究中得到了延伸。旅游中心地是指某旅游区内拥有一定数量的人口、旅游景点、旅游设施，并能够承担该区域的旅游需求及供给功能的地方。旅游中心地具有区位优越、交通便捷、地域开阔、资源丰富、设施充足等优势。有学者认为旅游吸引力之所在即成为旅游中心地。区位理论是旅游开发与规划非常重要的理论依据，对旅游业的发展和旅游业的研究产生了积极的作用。

2. 增长极与点轴开发理论

1）增长极理论

增长极理论是法国经济学家佩鲁在 1950 年提出来的，他认为均衡式发展只是理想中的，应选择特定的地理空间作为增长极带动区域经济的发展。他认为社会经济客体大多在点上集聚，通过现状基础设施而联成一个有机的空间结构体系。增长极理论是区域经济增长的理论模型，它能够对区域空间结构的形成、演化进行解释。区域增长极理论引入旅游研究中成为旅游空间结构研究的重要理论基础。增长极形成之后，将对旅游空间结构产生大的影响，旅游空间结构的演变形成三阶段式，即极核式空间结构—点轴式空间结构—网络式空间结构。

2）点轴开发理论

点轴开发理论（点轴理论）最早由波兰经济学家萨伦巴和马利士提出。点轴开发模式是增长极理论的延伸，从区域经济发展的过程看，经济中心总是首先集中在少数条件较好的区位，成斑点状分布。这种经济中心既可称为区域增长极，也是点轴开发模式的点。随着经济的发展，经济中心逐渐增加，点与点之间由于生产要素交换需要交通线路及动力供应线、水源供应线等，相互连接起来成为轴线。这种轴线首先是为区域增长极服务的，但轴线一经形成，对人口、产业也具有吸引力，吸引人口、产业向轴线两侧集聚，并产生新的增长点。点轴贯通，就形成点轴系统。因此，点轴开发可以理解为从发达区域大大小小的经济中心（点）沿交通线路向不发达区域纵深地发展推移。点轴开发开始将开发重点由点转向轴线，而多个点轴的交织就构成了网络，点轴开发成了网络形成的过渡阶段；随着区域网络的完善，极化作用减弱，而扩散作用增强，区域经济逐渐趋于均衡，因此，点轴开发是区域不平衡向平衡转化的过程。

3. 圈层结构与核心-边缘理论

圈层结构理论是由德国经济学家杜能提出来的，圈层结构理论认为区域的影响力从核心区向远郊区服从距离衰减规律，中心区影响力最大，中心区的经济效应发挥越大，越能推动区域其他圈层向核心区层靠拢，最终实现区域一体化发展。将圈层结构引入旅游研究中，对旅游市场的空间结构、旅游目的地空间结构研究产生了巨大的推动作用。

核心-边缘理论是由约翰·弗里德曼于 1966 年提出来的，该理论试图阐述一个区域如何由互不关联鼓励发展，变成彼此联系、发展不平衡，又由极不平衡变为相互关联的平衡发展的区域系统。核心区域一般是指城市或城市集聚区，它的经济发达、人口较多、商贸交易频繁；边缘区域则经济相对落后。核心与边缘是一种优势互补、合作共赢的空间关系。发展核心区域带动边缘区域是区域旅游发展的重要措施。由此重点培育核心区，从而带动整个区域发展。将核心-边缘理论引入旅游学研究中，对旅游流的空间结构研究产生了较大的推动作用。

2.5.2 区域旅游空间结构理论

区域旅游空间结构是旅游地理学研究的重要内容，旅游地理学者一直对该内容的研究保有较高的热情。区域旅游空间结构是指人类旅游活动作用于旅游区域这个特定地域范围所形成的组织形式。它反映了区域旅游系统中各要素之间的空间组织关系，包括诸要素如何在空间中生成、运动和发展，如何结合成有机的旅游生产力的空间整体。区域旅游空间结构中的基本要素包括节点要素、线状要素、网络要素、域面要素。①节点要素。区域旅游空间结构的节点要素就是由吸引物聚集体及旅游服务设施两个部分组成的旅游节点。在城市旅游发展的不同阶段，旅游节点和吸引物聚集体的空间成长过程大致是：在城市旅游发展的开发与参与阶段，城市旅游吸引物聚集体基本上是天然的及历史文化脉络所遗存的吸引物聚集体；在发展与成熟阶段，不断有人工的旅游吸引物聚集体加入；在城市旅游生命周期的停滞阶段，人工的旅游吸引物聚集体开始在数量上超过天然的和历史文化脉络所遗存的吸引物聚集体。②线状要素。空间结构中的线状要素一般包括交通线、通信线、能源供给线等。对线状要素的研究常以交通线为重点。交通线本身是交通运输产业在地域空间上的分布和体现，另外是各种物质流、能量流、人口和劳动力流、资金流等要素流动的通道。线状要素把区域内部的节点要素有机联系起来，成为区域空间结构的主要骨架。旅游"点-轴"开发模式中的旅游节点，一般都是旅游交通线的交汇点，或者是旅游网络节点，具有较高的旅游可达性，因而往往处于区域旅游开发的优选地位。旅游节点的发展又会在离心力的作用下，通过旅游线状基础设施和旅游网络，将旅游人流等旅游空间要素向四周扩散，从而带动整个区域的旅游发展。③网络要素。网络要素是节点和线路的结合体，是指区域内各种交通运输线路与通信线路的空间分布体系，在区域旅游空间结构中发挥连接区域旅游中心城市和外围地域及城市系统的纽带和桥梁的特殊作用。旅游网络系统的组合状况及地域分布形态（可分为放射性网络、伞形网络、轴带网络、过境网络）直接影响旅游中心城市和旅游卫星城镇系统的分布，并对城市外围地域产生一定的影响。④域面要素。域面要素是上述各要素的整体反映，内容涵盖整个或者多个不同的区域旅游系统，形成由不同级别的域面组成的区域旅游空间结构。以上从要素角度阐述了区域旅游空间结构，其中节点要素大多是描述旅游资源的空间结构，线状要素描述的是旅游交通等的空间结构，而网络要素和域面要素描述了旅游资源和旅游市场及旅游交通的空间结构，并且域面要素比网络要素更广，因为网络要素是域面要素的构成部分。

区域旅游空间结构的理论研究一般都将经济地理学的空间结构理论与其他学科中有关空间结构的理论与旅游区域相结合，如核心-边缘理论、空间一体化理论、点-轴空间理论。而直接对旅游要素进行总结的区域旅游空间结构理论以 Gunn 的目的地地带理论、Dredge 的 3 种目的地空间结构模式、Haggett 的空间结构模式为代表。

1. Gunn 的目的地地带理论

Gunn 的目的地地带理论阐述了完整的旅游空间系统中应该由四大要素组成，分别是吸引物组团、对外通道、区内连接通道、旅游服务社区。吸引物组团的吸引力大小影响旅游目的地的吸引范围，对外通道和区内连接通道决定了区域的可达性，旅游服务社区决定了旅游服务质量的高低。Gunn 的目的地地带理论刻画了一个完整的旅游空间发展单元，见图 2-2。该理论虽然阐释了旅游目的地的一般空间构成及构成要素的作用和意义，但对于旅游目的地空间结构的发展和演变考虑较少。

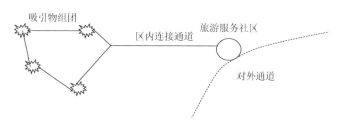

图 2-2　Gunn 目的地地带模型

2. Dredge 的 3 种目的地空间结构模式

Dredge 提出了 3 种旅游目的地空间结构模式，分别为单节点目的地（图 2-3）、多节点目的地（图 2-4）、链状节点目的地（图 2-5）。旅游地发展的最初往往只有一个旅游吸引物，旅游者进入该区域，游览该旅游吸引物后离开旅游地。随着其他旅游吸引物的开发，旅游者进入旅游目的地后将以某一大的旅游吸引物为核心，同时游览一些其他的旅游吸引物，但是此时往往只有一个旅游吸引物吸引力相对较大，其他的吸引力都比较小。旅游目的地进一步发展，则形成多个强有力的旅游吸引力核心，旅游者到达目的地后将实现多目的地旅行。Dredge 提出的旅游目的地空间结构模式显示出动态发展特征，对于旅游目的地空间结构的调整和引导具有非常重要的参考价值。

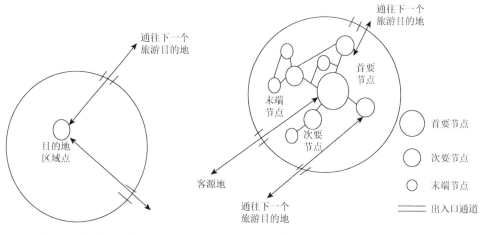

图 2-3　单节点目的地　　　　　　　图 2-4　多节点目的地

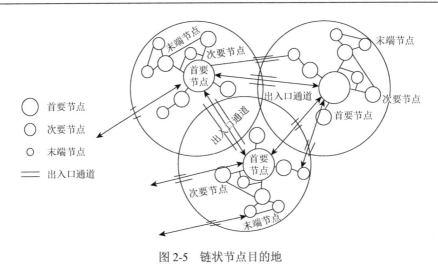

图 2-5　链状节点目的地

3. Haggett 的空间结构模式

吴晋峰和包浩生（2005）将 Haggett 的空间结构模式引入旅游研究中。Haggett 空间结构模式从宏观层次把区域抽象为点，描述旅游目的地系统空间结构与秩序，认为旅游目的地系统节点具有层次结构、节点体系控制着整个系统。一为运动模式，表示事物的空间移动特点；二为路径，表示事物运动沿着特定的路线；三为节点，表示运动路径的交点，诸多节点控制着整个系统；四为节点层次，表示各个节点的重要程度；五为地面，位于由节点和路径形成的框架中；六为空间扩散，地面的时空变化过程叫作空间扩散。用这 6 个要素建立的旅游系统的空间结构模式是以旅游目的地、客源地为节点，以交通线路为连接的、占据一定地面、处于扩散过程中的网络，可称为旅游系统的网络空间结构模式，中心节点表示目的地，其他节点为该目的地吸引的全部客源地。

2.5.3　消费者购买决策理论

消费者购买决策是指消费者谨慎地评价某一产品、品牌或服务的属性并进行选择、购买能满足某一特定需要的产品的过程。广义的消费者购买决策是指消费者为了满足某种需求，在一定的购买动机的支配下，在可供选择的两个或者两个以上的购买方案中，经过分析、评价、选择并且实施最佳的购买方案，以及购后评价的活动过程。它是一个系统的决策活动过程，包括需求的确定、购买动机的形成、购买方案的抉择和实施、购后评价等环节。消费者购买决策过程具有 5 个阶段过程模型，具体包括问题认知、搜寻信息、评价备选方案、购买决策和购后评价。

1）问题认知

消费者认识到自己有某种需要时，是其决策过程的开始，这种需要可能是由内在的生理活动引起的，也可能是由外界的某种刺激引起的。表现在旅游者方面，则是旅游者有旅游需求，或者由于朋友、家人的影响及美丽风景的刺激等产生了需求。

2）搜寻信息

信息来源主要有 4 个方面：个人来源，如家庭、亲友、邻居、同事等；商业来源，如广告、推销员、分销商等；公共来源，如大众传播媒体、消费者组织等；经验来源，如操作、实验和使用产品的经验等。在线旅游者的信息来源主要来自于网络的商业信息。

3）评价备选方案

消费者得到的各种有关信息可能是重复的，甚至是互相矛盾的，因此还要进行分析、评估和选择，这是决策过程中的决定性环节。表现在旅游者方面，则是对不同内容的线路、不同价格的线路进行比较、评选。

4）购买决策

消费者对商品信息进行比较和评选后，已形成购买意愿，然而从购买意图到决定购买之间，还要受他人的态度、意外情况等影响。表现在旅游者方面，则是旅游者在线购买旅游产品时，不仅受在线旅游信息的影响，还受在线旅游者评价、游后感知等的影响。

5）购后评价

消费者购后的满意程度取决于消费者对产品的预期性能与产品使用中的实际性能之间的对比。购买后的满意程度决定了消费者的购后活动，决定了消费者是否重复购买该产品，决定了消费者对该品牌的态度，并且还会影响其他消费者，形成连锁效应。表现在旅游者方面，则是旅游者在游玩后是否觉得质价相符，他们会在线做出此次旅行及购买的评价，从而影响他人。

2.5.4　旅游需求–供给理论

旅游需求理论是用于研究旅游需求特征的旅游经济学的重要理论。旅游需求的形成包括旅游动机、支付能力和闲暇时间三个方面。旅游动机是驱使人们产生旅游行为的内在驱动力，能够促发一个人有意于旅游及确定到何处去、做何种旅游，是人们自主、能动的主观愿望。旅游动机是形成旅游需求的首要条件。支付能力是旅游需求形成的重要客观条件之一，而另一重要的客观条件即闲暇时间，它能够影响旅游地域范围、旅游方式、旅游需要实现程度、旅游效用函数、产品结构及旅游需求集中程度，进而影响经济质量。

旅游供给是指以旅游目的地为总体代表的旅游企业在一定时期内以一定的价格向旅游市场提供的旅游产品的数量。旅游供给的主体是旅游产品的生产者，大到一个国家、一个省，小到一个城市、一个企业都可以作为供给的主体。旅游供给具有复合性特征，由旅游资源、旅游设施、旅游服务和旅游交通等部分组成，且受价格、经济发展水平、环境容量等诸多因素的影响和制约。

旅游供给与需求是旅游市场中对立统一的两个方面。旅游业就是在维持旅游供给与需求动态平衡的过程中发展的。但是，与其他商品的供求关系相比，旅游供求关系有其独特的空间特征。首先，旅游供给面在地域上是不可移动的，而需求面是可移动的，旅游需求必须到达旅游供给地才能得到满足，这与一般的商品供需情况正好相反。其次，旅游资源的主体是自然或历史文化景观，在历史过程中形成，在地点上是不可选择的，在地域上是不均衡分布的，造成固有的旅游资源供需的地域不平衡现象。这使得旅游资源应根据需求的空间分布来决定供给的空间布局与开发时序。

2.5.5　推拉理论

推拉理论是研究人口流动、移民现象的基础理论之一。早在 19 世纪 80 年代 Ravenstein 就对人口的转移进行了具有开创意义的研究，他的人口迁移的七大规律是有关推拉理论的早期研究。较为系统的人口流动推拉理论产生于 20 世纪 50 年代，由 Bogue 提出，他认为人口的转移是两个不同方向力相互作用的结果，即推力和拉力，并且详细描述了产生推力的因素和产生拉力的因素。到 1981 年，Dann 将推拉理论的观念应用到旅游研究领域，产生了旅游行为的推拉理论。他进一步明确了"推力"和"拉力"两个概念，并将"自我提高"和"白日做梦"作为旅游的内推力，认为推力是旅游的内部驱动力，拉力的因素是指影响旅游者做出是否出游的决策的因素，构成了旅游动机的本质，而拉力则是旅游目的地吸引物的吸引力，正是这些具有吸引力的旅游吸引物，才能将已经决定出游的人吸引到旅游目的地，拉力的因素则指影响潜在旅游者去哪里旅游的决策的因素。

1. 内推力——旅游动机

人们由于各种原因外出旅游，因而旅游动机是理解旅游行为过程的重要概念，是旅游行为的内在推动因素。国外的研究中，Yuan 和 McDonald（1990）、Cha 等（1995）经过各自的研究得出了一些推力因素，如追求新奇、摆脱日常环境、社会交往等。国内的研究中，邱扶东（1996）以上海市民为样本，进行问卷调查，分析了旅游者的内在动机，包括身心健康动机、怀旧动机、交往动机、文化动机、求美动机和从众动机六大类。白凯等（2005）以西安市为例对大学生的内在旅游动机进行实证研究，分析了旅游动机的推力因素。

2. 外拉力——目的地感知

拉力因素与目的地自身属性和特征吸引物相关联，由旅游者对目的地的感知产生。Fakeye 和 Crompton（1991）利用抽样调查的方法，以得克萨斯州为例做了研究，认为 32 个特性中的 6 类拉力比较重要，包括自然环境、文化环境、住宿与交通等。Hu 和 Ritchie（1993）认为不同群体对于旅游目的地的熟悉程度和认知程度不同，旅游目的地特性对于其的吸引力也不同。Tumbull 和 Uysal（1995）通过对加勒比海旅游地带的调查研究，总结出 6 类拉力因素，包括历史遗产文化、城市飞地、海滨胜地、户外资源、舒适悠闲、乡野化且价格低廉，同时通过对不同国家旅游者的调查，认为不同人群的拉力因素在感知上存在差异。感知因素是拉动旅游者最关键的因素，国内学者白凯等（2005）通过对北京入境游客的调查，对入境旅游者的感知行为进行了分析，总结出影响旅游目的地感知的因素有好客程度、旅游交通安全性、旅游景点等因素，并按照影响程度进行了划分。

3. 推拉之间的关系

推拉因素的观念在很多研究中都有涉及，但一直以来，人们把影响旅游行为的推力因素和拉力因素作为两个独立的影响力进行研究。从推力因素的研究中可以了解到游客内心的不平衡，从而总结出旅游者外出旅游的动机，而这种动机却并不能促使其直接到达特定的旅游目的地。同时，从拉力因素的研究中可以了解到景区在哪些方面存在吸引力，但这又无法知道这些因素是否影响旅游者的内推力，提高旅游者对目的地的感知，从而达到调动旅游动机的目的。这两种研究方法都只对推拉的一方面进行研究，忽略了内推力与外拉力之间的相互关系。Uysal 和 Jorowski（1994）利用加拿大观光事业署的调查数据，分析研究了旅游者旅游行为的内推力——旅游动机与外拉力——目的地感知两者之间的关系，研究表明，推拉两种因素之间存在着互动关系，这一研究结果对旅游产品的开发具有指导意义。Dann（1981）指出，潜在旅游者在产生旅游动机的时候，同样会对符合潜在需求的旅游目的地有一定的感知，两者相互作用进而产生旅游行为。Dann 认为旅游者一旦做了旅行的决定，去哪儿、做什么就可以知道了，在逻辑上、时间上和理论上，推力因素的产生优先于拉力因素的产生。同时，有其他学者认为，各种推力因素并不是完全独立的，也是和拉力因素相关的。他们认为当内推力推动人们旅游时，作为拉力的目的地自身也同时拉动人们对目的地做出选择。同样，潜在旅游者决定"去哪儿"的时候也会充分考虑其出游动机是什么。

2.6　本书相关概念界定

2.6.1　旅游信息

吴佳宾和付业勤（2007）认为旅游信息是旅游资源、旅游活动和旅游经济现象等客观事物的反映，是旅游企业在业务经营及旅游管理部门在旅游经济管理过程中采集到的经过加工处理后对旅游决策产生影响的各种数据的总称。吴思（2007）认为旅游信息是对旅游活动特征、变化和规律的反映，是旅游要素之间相互联系、相互作用的状况和规律的描述。李君轶等（2011）认为旅游信息是旅游活动中旅游主体、旅游客体、旅游介体的本质、特征和运动规律的属性。以上学者对旅游信息的定义体现了旅游活动的系统性，因而旅游信息也自然不仅包括旅游要素信息，还包括旅游主体、旅游介体的活动信息。因此，本书认为旅游信息是体现旅游系统的信息，包括旅游主体、客体、介体及旅游活动环境信息。

2.6.2　在线旅游信息

游客出游，首先要搜集若干旅游信息，经过对信息的整理，做出旅游决策，由此可见旅游信息对旅游者的决策起到非常重要的作用。有研究显示，80%以上的旅游者在网络上浏览过相关的旅游信息，查询过与自身旅游相关的旅游项目。随着网络经济的发展，互联网成为旅游企业经营过程中不可或缺的载体。网络可以承载大容量的旅游信息。早在 20 世纪 80 年代末，发达国家的旅游企业就已经利用网络载体把企业的旅游资源、旅游产品等以文字、图片、视频等形式动态结合、图文并茂地展现在网络载体上。Skadberg 等（2005）考察了网站吸引使用者访问旅游目的地的信息流，并建立了信息流模型。路紫等（2007）在研究旅游网站访问者行为与景区旅游者人数时，认为旅游者访问网站的人数即信息流。冯娜和李君轶（2014）认为在线旅游信息流对潜在旅游流的导引实质上是一个信息决策和执行过程，在线旅游信息包括图片信息、文字信息、地图信息、视频信息、标签信息、链接信息等。

以上学者对在线旅游信息存在两个方面的理解，一方面认为在线旅游信息是指与旅游活动有关的信息，包括旅游产品信息、旅游资源信息、旅游酒店、旅游餐饮等方面的信息，甚至还包括旅游者的行为信息，旅游者行为信息对人流预测等起到非常重要的作用，该类型的信息被认为是广义信息。另一方面认为在线旅游信息是以网站作为载体展示旅游目的地信息的平台，往往仅包括旅游活动"吃、住、行、游、购、娱"产业链信息及由各大要素构成的旅游产品信息，该类型未将旅游者在网络上的活动信息认为是在线旅游信息，该类型的信息往往被认为是狭义信息。

本书认为在线旅游信息是从旅游活动的全过程角度来看的，即旅游者首先从在线网络中获得旅游产品等相关信息，进而对信息进行筛选，然后做出决策产生购买行为。因此在线旅游信息包含旅游者的在线行为信息、旅游资源、旅游产品、旅游业要素组成信息，可以说它不仅包括旅游企业、旅游目的地的信息发布，还包括旅游者的购买行为信息、评论信息，其过程可用图 2-6 进行表述。

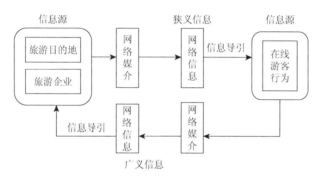

图 2-6　在线旅游信息内涵阐释

在线旅游信息往往首先由旅游目的地和旅游企业发出，借助网络媒体，发布旅游目的地景区景点信息、旅游资源信息、旅游产品信息等，其受众群体在线游客会根据这些信息做出旅游决策和旅游评价，在做出旅游决策和旅游评价时，他们会借助于网络媒体进行在线购买和在线研讨、交流、评价，他们的行为产生了信息内容，从而使旅游信息更加丰富，这些信息会对旅游目的地和旅游企业起到营销指导、区域旅游建设的作用。在线旅游信息量大，时效性比较强，信息表现方式生动。在线旅游信息具有构成复杂、信息多源等特点。

2.6.3　在线旅游流

在线旅游的核心即依托互联网满足旅游消费者的信息查询、产品预定和服务评价。在线旅游与传统旅游相比，旅游信息、产品预订的途径有所变化，那就是通过网络媒介。信息化背景下的在线旅游进一步丰富了旅游活动的开展。

旅游流研究综述表明，旅游流概念有广义和狭义之分。本书主要采用保继刚

（1992）提出的狭义旅游流概念。狭义旅游流即在一个区域上由旅游需求的近似而引起的旅游者集体性空间位移现象，具体是指旅游者从客源地向目的地流动的人群数量和流动模式。邓明艳（2000b）认为旅游流是具有一定流量和流向特征的旅游者群体，流量和流向是测度旅游流移动方向和规模的主要指标。马耀峰等（2001）认为狭义旅游流就是旅游客流。本书中所指的在线旅游流是指旅游者通过网络旅游信息收集、信息筛选、在线旅游产品购买表现出来的空间位移方向和移动规模，见图 2-7。

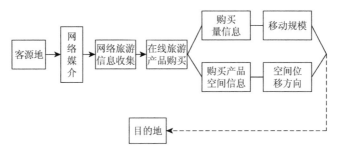

图 2-7 在线旅游流产生过程内涵阐释

2.6.4 旅游产品

旅游产品是旅游业存在和发展的基础，是旅游经济活动的主体。旅游产品的品种、数量、质量直接关系到旅游业的兴衰和旅游经济的可持续发展。关于旅游产品研究的工作虽已取得不少研究成果，但是目前关于旅游产品的研究在很多方面还存在争议和分歧，包括最基本的旅游产品的定义和概念，至今还未取得一致的看法。

对于旅游产品的概念，学者分别从不同角度来定义，有从旅游供给角度定义的（表 2-1），有从旅游需求角度定义的（表 2-2），也有从供需两方面结合来定义的，比较有代表性和影响的是林南枝和陶汉军（1994）的观点。他们认为，"从旅游目的地角度出发，旅游产品是指旅游经营者凭借着旅游吸引物、交通和旅游设施，向旅游者提供的用以满足其旅游活动需求的全部服务"，而"从旅游者角度出发，旅游产品就是指游客花费了一定的时间、费用和精力所换取的一次旅游经历"。田里（2016）在其《旅游经济学》中也与林南枝和陶汉军（1994）持几乎相同的观点。张勇（2010）在旅游资源、旅游吸引物、旅游产品、旅游商品的概念及关系辨析中认为旅游产品应从旅游供给角度给予界定，他将旅游产品界定为旅游生产者和经营者为满足旅游者的需要，在一定地域上生产或开发以供销售的物象和服务。

表 2-1　从供给角度出发定义的旅游产品

学者	定义内容
魏小安和冯宗苏（1991）	旅游产品是提供给旅游者消费的各种要素的组合，其典型和传统的市场形象表现为旅游线路
林南枝和陶汉军（1994）	旅游产品是指旅游经营者凭借旅游吸引物、交通和旅游设施向旅游者提供的用于满足其旅游活动需求的全部服务
王大悟和魏小安（1998）	旅游产品是旅游经营者为了满足旅游者的物质和精神的各种需要，向旅游市场提供的一种特殊产品。它是由多种要素构成的。一般说来，一个完整的旅游产品应包括旅游交通、旅游住宿、餐饮供应、游览观光、娱乐项目和旅游购物六个方面的要素
申葆嘉（1999）	在市场经济条件下，旅游产品是旅游服务诸行业为旅游者满足游程中生活和旅游目的需要所提供各类服务的总称

表 2-2　从需求角度出发定义的旅游产品

学者	定义内容
顾树保（1985）	旅游产品是旅游者从离家开始旅游到结束旅游回到家整个过程中所包括的全部内容
杜靖川（2002）	旅游产品是旅游者为了获得物质和精神上的满足，通过花费一定的货币、时间和精力所获得的旅游经历
杨森林等（1999）	旅游产品是指旅游者从居住地到旅游目的地，然后再返回原处的全部经历
谢彦君（2004）	旅游产品是指为满足旅游者审美和愉悦需要而在一定地域上生产或开发出来的以供销售的物象和劳务的总和

　　本书对旅游产品的定义倾向于从旅游目的地角度出发，认为旅游产品是指旅游经营者以旅游吸引物为核心，向旅游者提供的吃、住、行、游、购、娱等多种要素的组合。因此，本书对如下在线旅游产品的信息进行统计：①以旅游吸引物为核心形成的吃、住、行、游、购、娱等多种要素结合的综合性旅游产品；②旅游吸引物，如旅游景点门票。

　　本书将单纯的酒店产品、交通产品、旅游购物产品排除在统计范畴之外。

2.7　本 章 小 结

　　本章主要包含三个方面的内容，一是对先前相关研究进行回顾，即仔细梳理了先前学者对相关研究领域的研究成果，主要从旅游流研究、旅游流空间结构研究、在线旅游信息研究、在线旅游流空间结构研究进行回顾和评述；二是阐述本书的理论基础，阐述了区域空间结构理论、区域旅游空间结构理论、消费者购买决策理论、旅游需求-供给理论、推拉理论，这些理论与本书的研究密切相关，是本书研究的知识理论基础；三是对本书中提到的概念进行界定，即对旅游信息和在线旅游信息概念进行说明。通过本章的学习，可以更好地了解与本书研究问题相关领域的研究内容、研究空白及可能的创新切入点。

第3章 泛长三角在线旅游流空间结构研究

3.1 旅游流地域空间特征研究概述

狭义旅游流可以用流量和流向两个指标来衡量。本章主要通过流量和流向开展在线旅游流空间结构研究。

从旅游流的流量角度进行在线旅游流空间特征的分析，即旅游流规模空间结构研究。旅游流规模空间结构研究从两个层面进行分析：①以泛长三角区域为研究尺度，分析其内部旅游流规模空间结构与特征；②以省级区域为研究尺度，研究泛长三角各省级区域内部旅游流规模空间结构及差异。

从旅游流的流向角度构建旅游流网络结构，从而实现旅游流网络结构的研究。旅游流网络结构的研究也从两个层面开展：①以泛长三角区域为研究尺度，研究泛长三角区域内部旅游流网络结构特征；②以省级区域为单位，研究各省级区域内部旅游流网络结构特征。

3.2 数据说明与展示

泛长三角在线旅游流数据主要来自于去哪儿网、淘宝旅行网、途牛旅游网、携程旅行网、欣欣旅游网五大网站。游客通过上述网站的团购板块、自由行、跟团游 3 种网络途径购买在线旅游产品，购买量反映了游客的购买决策。基于游客对在线旅游产品的购买，获得旅游者流向。之所以会统计以上 3 种旅游产品购买模式，原因如下。

（1）跟团游是游客出游的传统模式，也是旅行社获取市场利润的重要方式。虽然随着信息技术的发展对传统旅游的冲击越来越大，但是跟团游仍然是银发市场、深度游市场、青少年修学游市场、商务市场参与旅游活动的主要方式。

（2）自由行、自助游市场成为旅行社转型的重要经营业务。《旅游法》实施后，跟团游的直观报价比以往高出较多，使原本已经较为火热的自由行产品、自助游产品更加受到市场欢迎，因此网络上的自由行产品购买量随之增加，自由行产品的购买已经成为旅行社和旅游网络的重要经营业务。

（3）旅游网络团购呈爆发式增长，成为游客购买旅游产品的重要方式。旅游网络团购兴起于 2011 年年初，随之呈爆发式发展，不到半年时间就发展成酒店、机票、景点门票、旅行线路等都可以团购的繁荣局面。据"第一旅游网"2011 年随机统计，在 62 个团购网站同一天发布的信息中，旅游信息达到 141 条，占全部信息的 46%。旅游产品网络团购已经成为游客购买旅游产品的重要方式。

统计以上 3 种购买方式所获得的在线游客购买量及旅游线路具有一定的代表性。统计数据的广泛性为接下来的研究打下了坚实的基础。

基于空间视角的研究，统计泛长三角 41 个地级市旅游产品网络购买量和旅游路线。泛长三角每个市域的旅游流规模统计按照如下方法进行统计（表 3-1）：对于单节点旅游线路购买量直接归属到地级市的客流；对于多节点旅游产品，根据节点分别归属到每一个地级市客流，如"华东三日游"，该线路经过南京市—无锡市—苏州市—南京市，则将该产品的购买量分别归属到南京市、无锡市、苏州市。

表 3-1　旅游流量统计方法

节点数	旅游产品	购买人数/人	游客量/人		
			南京市	无锡市	苏州市
单节点旅游产品	南京一日游	200	200		
多节点旅游产品	南京、无锡、苏州华东三日游	300	300	300	300

3.3　研　究　方　法

3.3.1　空间关联分析方法

1. Getis-Ord General G 指数

Getis-Ord General G 指数用来衡量区域内观测变量的集聚程度，公式（陶长琪和齐亚伟，2011）为

$$G(d) = \sum_{i=1}^{n} \sum_{j=1}^{n} W_{ij}(d) x_i x_j \bigg/ \sum_{i=1}^{n} \sum_{j=1}^{n} x_i x_j \qquad (3\text{-}1)$$

式中，$W_{ij}(d)$ 为采用临近标准的空间权重矩阵；x_i 和 x_j 为 i 市域和 j 市域的观测值。统计检验采取 Z 检验，$Z(d) = G(d) - E(d) / \sqrt{\text{Var}(G)}$。$G$ 值越高，越趋向于高聚类，相反为低聚类。Z 值为正且越大，要素分布趋向高聚类分布，相反为低聚类分布。

2. Getis-Ord G_i^* 指数

Getis-Ord G_i^* 指数用于识别高值簇（热点区）与低值簇（冷点区）的空间分布，公式（陶长琪和齐亚伟，2011）为

$$Z(G_i^*) = [G_i^* - E(G_i^*)] / \sqrt{\mathrm{Var}(G_i^*)} \qquad (3\text{-}2)$$

为了便于解释和比较，对 $G_i^*(d)$ 进行标准化处理：

$$G_i^*(d) = \sum_{j=1}^{n} W_{ij}(d) X_j \bigg/ \sum_{j=1}^{n} X_j \qquad (3\text{-}3)$$

式中，W_{ij} 为临近标准的空间权重矩阵；$E(G_i^*)$ 和 $\mathrm{Var}(G_i^*)$ 分别为 G_i^* 的期望值和变异系数。当 $Z(G_i^*)$ 显著时，值为正表明 i 周围的值相对较高，属于热点区（高值空间集聚）；值为负则表明 i 周围的值相对较低，属于冷点区（低值空间集聚）。

3.3.2　重心及标准差椭圆

标准差椭圆可用于分析点的集中与离散分布趋势，可以概括要素的空间分布，识别和汇总地理要素的中心趋势、方向趋势等。其优势是能够直观地表达资源在空间上的分布特征，具有较好的空间视觉效果，有效弥补了现有方法在有效表现空间分布特征上的不足，椭圆的长轴为空间分布最多的方向，短轴为空间分布最少的方向，计算公式（方叶林等，2013）为

$$E_x = \sqrt{\frac{\sum_{i=1}^{n}(x_i - \overline{X})^2}{n}} \qquad (3\text{-}4)$$

$$E_y = \sqrt{\frac{\sum_{i=1}^{n}(y_i - \overline{Y})^2}{n}} \qquad (3\text{-}5)$$

$$\tan\theta = \frac{\left(\sum_{i=1}^{n} X_i^2 - \sum_{i=1}^{n} Y_i^2\right) + \sqrt{\left(\sum_{i=1}^{n} X_i^2 - \sum_{i=1}^{n} Y_i^2\right) + 4\left(\sum_{i=1}^{n} X_i Y_i\right)^2}}{2\sum_{i=1}^{n} X_i Y_i} \qquad (3\text{-}6)$$

式中，E_x 和 E_y 为分布椭圆长短轴；x_i 和 y_i 为要素 i 的坐标；$\{\overline{X}, \overline{Y}\}$ 为所有要素的平均中心；n 为所有要素的数量；θ 为旋转转角；X_i 和 Y_i 为要素 i 到平均中心的长短轴方向距离。

重心的概念来源于物理学，指物体内各个点所受的重力产生合力的作用点（许月卿和李双成，2005），可看作是空间分布的平均中心，近年来广泛运用于社会经济领域。假设一个大区域由 n 个小区域构成，$m_i(x_i, y_i)$ 为第 i 个小区域的中心坐标，u_i 为小区域的某种属性值，$M(x_j, y_j)$ 为大区域第 j 年的重心坐标，则重心计算公式（赵媛等，2012）为

$$M(x_j, y_j) = \left[\frac{\sum\limits_{i=1}^{n} u_i x_i}{\sum\limits_{i=1}^{n} u_i}, \frac{\sum\limits_{i=1}^{n} u_i y_i}{\sum\limits_{i=1}^{n} u_i} \right] \tag{3-7}$$

3.3.3　社会学网络研究方法

社会学网络分析法是新经济社会学中重要的研究方法，它是在美国社会心理学家莫雷诺提出的社会测量法的基础上不断发展起来的，主要用来研究行动者之间的联系。社会学网络分析的基本思想即社会关系的结构会影响个体即行动者的决策、信念和行为。社会学网络分析不仅是一种理论视角，同时也是一套方法。作为一种新的理论视角，社会学网络分析把关注点由个人属性转移到人与人之间关系的原因与结果上，从而在一定程度上超越了传统的社会科学定量研究方法，其所强调的关系地位结构观为许多其他学科的研究提供了新的、独特的理论视角。这种方法在经济学、社会学、管理学等领域得到了广泛应用，近几年该方法也被旅游学科的研究所引进并得到了广泛应用，特别是用于旅游流的研究。刘军在2004 年编著《社会网络分析导论》，对社会学网络分析中的网络密度、网络中心势、节点中心性、结构洞等进行详细阐述，具体如下。

1. 网络密度

网络密度是指网络中实际存在的关系数量与所有理论上可能存在的关系数量之比，网络密度范围为 0～1。

$$D = 2 \sum_{i=1}^{k} d_i(n_i) / [k \times (k-1)] \tag{3-8}$$

其中，

$$d_i(n_i) = \sum_{j=1}^{k} d_i(n_i, n_j) \tag{3-9}$$

式中，k 为节点数量；如果两个节点 i 和 j 有直接联系，那么 $d(n_i, n_j)=1$，否则，$d(n_i, n_j)=0$。

网络密度越高，说明网络中节点联结越多，节点之间存在联系越多，网络效果就好。当 $D=1$ 时，说明网络中所有的节点之间都有联系；当 $D=0$ 时，则节点之间没有联系。

2. 网络中心势

网络中心势用来度量整个网络中心化的程度。与节点中心性不同，中心性是度量某节点处于网络中心位置的程度。网络中心势按照计算方式不同可以分为度数中心势、亲近中心势和中间中心势，反映网络总体整合度或一致性。

度数中心势（C_D）是按照度数中心性的方法计算的网络中心化程度。其公式为

$$C_D = \frac{\sum_{i=1}^{k}[(C_D(n^*) - C_D(n_i)]}{k^2 - 3k + 2} \tag{3-10}$$

式中，$C_D(n_i)$ 为每个节点程度中心性值；$C_D(n^*)$ 为该网络中最大的程度中心性值；分子表示被评价网络中所有其他节点程度中心性与最大程度中心性之间的差值之和；k 为网络的节点数。

亲近中心势（C_C）是按照亲近性的方法计算的网络中心化程度。其公式为

$$C_C = \frac{\sum_{i=1}^{k}[C_C(n^*) - C_C(n_i)]}{(k-2)(k-1)} \times (2k-3) \tag{3-11}$$

式中，$C_C(n_i)$ 为每个节点的亲近性值；$C_C(n^*)$ 为被评价旅游网络节点的最大亲近性值；分子表示被评价网络中所有其他节点亲近性与最大亲近性之间的差值之和。

中间中心势（C_B）是按照中介性方法计算的网络中心化程度。其公式为

$$C_B = \frac{\sum_{i=1}^{k}[C_B(n^*) - C_B(n_i)]}{k^3 - 4k^2 + 5k - 2} \tag{3-12}$$

式中，$C_B(n_i)$ 为每个节点的中介性值；$C_B(n^*)$ 为被评价网络节点的最大中介性值；分子表示被评价网络中所有其他节点中介性与最大中介性之间的差值之和。

3. 节点中心性

节点中心性是社会学网络分析的重点研究内容之一。个人或者组织在社会学网络中具有多大的权利，或者居于什么样的中心地位，是社会学网络分析研究者最先探讨的内容之一。常用的几类中心性指标主要包括：①点的程度中心性；②点的接近中心性；③点的中间中心性。

1）点的程度中心性

点 A 的程度中心性就是与点 A 直接相连的其他点的个数。如果某点具有最高的度数，则该点居于中心，很可能拥有最大的权利。在有向图中，每个点的度数可分为点入度和点出度，点入度和点出度解释了点在网络中是开始点还是终点。其公式为

$$C_{D,\text{in}}(n_i) = \sum_{j=1}^{1} r_{ij,\text{in}} \qquad (3-13)$$

$$C_{D,\text{out}}(n_i) = \sum_{j=1}^{1} r_{ij,\text{out}} \qquad (3-14)$$

式中，$C_{D,\text{in}}(n_i)$ 和 $C_{D,\text{out}}(n_i)$ 分别为内向程度中心性和外向程度中心性；$r_{ij,\text{in}}$ 表示从节点 j 到 i 的方向存在有向联系；$r_{ij,\text{out}}$ 表示从节点 i 到 j 的方向存在有向联系。

2）点的接近中心性

点的接近中心性是以距离来计算一个节点与其他节点之间联系的紧密程度，与其他节点联系越紧密则接近性越高，与其他节点联系不十分紧密者则亲近性低。其公式为

$$C_C(n_i) = 1 \Big/ \sum_{j=1}^{1} d(n_i, n_j) \qquad (3-15)$$

式中，$d(n_i, n_j)$ 为节点 n_i 与 n_j 之间最短路径距离（路径，是所有节点和所有线段均不重复的途径）；接近中心性 $C_C(n_i)$ 就是节点 n_i 到其他节点的距离加总再求倒数，其值越小表示节点 n_i 与其他节点紧密程度越低，与其他节点联系紧密性不强，反之亦然。在有向网络中，基于节点和其他节点的外向和内向关系，则有内向与外向两种，均用式（3-15）表示。

3）点的中间中心性

点的中间中心性是衡量节点扮演中介者或者守门人的角色潜力。一个具有较高中间中心性的节点意味着其在其他节点对之间起到了关键的中介者作用，是重要的通道。若某点处于其他许多"节点对"捷径上，则该节点具有较高的中间中心性。其公式为

$$C_B(n_i) = \sum_{j}^{1} \sum_{k}^{1} \frac{g_{jk}(n_i)}{g_{ij}}, j \neq k \neq i \qquad (3-16)$$

式中，g_{ij} 为节点 j 到达节点 k 的捷径数；$g_{jk}(n_i)$ 为节点 j 到达节点 k 经过节点 i 的捷径数。

4. 结构洞

网络中总会存在节点之间的联系断裂现象，将联系断开的地方称为结构洞。如图 3-1 所示，节点 A 和 B、C、D 发生联系，节点 B 与 C、节点 B 与 D、节点 C 与 D 不发生联系，B 与 C、B 与 D、C 与 D 之间就存在结构洞，节点 A 是处于结构洞中的节点，占据了 3 个结构洞。拥有无数结构洞优势的某节点表示该节点具有无可替代的区位优势和竞争优势。

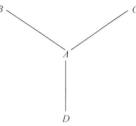

图 3-1　结构洞展示

对结构洞的测量可以用有效规模 ES、效率大小 E、限制度 CT、等级度 H 来衡量。

1）有效规模

有效规模大小是衡量 i 与所有其他节点连接的非冗余性部分。节点 i 有效规模大小从 1 到节点 i 连接的所有观察数变化，反映从强连接到节点之间彼此无连接程度。其公式为

$$\mathrm{ES} = \sum_j \left(1 - \sum_q p_{iq} m_{jq}\right), q \neq i, j \tag{3-17}$$

式中，p_{iq} 为节点 i 与 q 之间的比例关系，是节点 i 与 q 之间的连接数除以节点 j 与其他节点中的最大连接数；m_{jq} 为网络成员 j 与 q 之间的关系边缘强度。

2）效率大小

效率大小表示点的有效规模与实际规模之比。

3）限制度

限制度 CT_i 反映直接和间接依赖其他节点的程度。如果 $\mathrm{CT}_i = 0$，表明该节点有无数的不连接，是很容易替换的连接节点，而 $\mathrm{CT}_i = 1$ 表明节点仅有一个有效的连接。其公式为

$$\mathrm{CT}_i = \sum_j \left(p_{ij} + \sum_q p_{iq} p_{qj}\right)^2, q \neq i, j \tag{3-18}$$

式中，p_{ij} 为节点 i 与节点 j 之间的比例连接；p_{iq} 为节点 i 与节点 q 之间的比例连接；p_{qj} 为节点 q 与节点 j 之间的比例连接。

4）等级度

等级度指的是限制性在多大程度上集中在一个行动者身上。其公式为

$$H = \frac{\sum_j \left(\dfrac{C_{ij}}{C/N}\right) \ln \left(\dfrac{C_{ij}}{C/N}\right)}{N \ln N} \tag{3-19}$$

式中，C_{ij} 为网络约束度 N 为点 i 的个体网规模；C/N 为各个点的限制度的均值；公式的分母代表最大可能的总和值。当一个点的每个联络点的限制度都一样时，该测度达到最小值 0；反之，当所有的限制都集中于一个点时，该值就达到最大值 1。或者说，一个点的等级度越大，说明该点越受到限制。

5. 凝聚子群分析

凝聚子群的概念来自于社会学网络理论，是指网络中存在符合如下条件的行动者集合，即在此集群中行动者之间具有较强的、直接的、紧密的、经常的或积极的关系。当网络中某些行动者之间的关系特别紧密，以至于结合成一个次级团体时，这样的团体在社会学网络分析中被称为凝聚子群。

6. 核心-边缘分析

核心-边缘结构是现实中存在的一种重要社会结构。在这种结构中主要存在两类行动者：核心行动者和边缘行动者。核心行动者相互之间联系紧密，构成凝聚子群；处于边缘地位的行动者相互之间不存在关系或者存在较少的关系，因而不构成凝聚子群，但是它们与核心成员之间有关系。在一个块模型中，如果像矩阵中的各个块可以进行置换，使得1-块集中在像矩阵左上半部分，0-块集中在右半部分，那么在该块模型中就明显表现出核心-边缘结构。本书研究中利用核心-边缘分析方法分析泛长三角在线旅游流网络中的核心-边缘结构，探索网络核心成员对边缘成员的带动作用。

3.4　泛长三角在线旅游流规模空间结构研究

对泛长三角 41 个市域（浙江省 11 个市、江苏省 13 个市、安徽省 16 个市及上海市）的旅游产品在线购买量进行统计，然后以省为单位对泛长三角三省一市旅游流规模做折线图 3-2 如下。

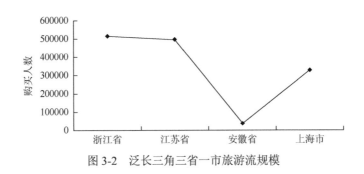

图3-2　泛长三角三省一市旅游流规模

从省域层面来看，浙江省旅游流规模相对较大，安徽省旅游流规模相对较小。为了进一步研究泛长三角 41 个市域城市的在线旅游流规模特征，利用空间热点分析对 41 个市域做冷热点分析。

3.4.1　泛长三角在线旅游流规模空间结构研究

1. 泛长三角在线旅游流规模空间热点分析

利用 ArcGIS 空间热点效应分析方法，对泛长三角 41 个地级市在线旅游流规模进行空间分析。采用 GIS 软件的 Jenks 最佳自然断裂法局域 G_i^* 统计量从高到低分成 4 类，生成泛长三角在线旅游流规模空间格局分类图，分类结果如下。

（1）热点区域：共 3 个市域，包括上海市、苏州市、嘉兴市，占泛长三角 41 个市域的 7.32%。泛长三角网络营销的热点区域网络在线购买量较大，旅游网络营销效益显著。

（2）次热点区域：共 7 个市域，包括无锡市、常州市、镇江市、湖州市、宣城市、杭州市、绍兴市，占泛长三角 41 个市域的 17.07%。次热点区域网络在线购买量相对较大，旅游网络营销效益相对较高。

（3）冷点区域：共 19 个市域，包括盐城市、连云港市、淮安市、宿迁市、徐州市、淮北市、宿州市、蚌埠市、滁州市、亳州市、阜阳市、淮南市、合肥市、六安市、芜湖市、铜陵市、池州市、安庆市、丽水市，占泛长三角 41 个市域的 46.34%。冷点区域网络在线购买量小，旅游网络营销效益低。

（4）次冷点区域：共 12 个市域，包括南通市、泰州市、扬州市、南京市、马鞍山市、黄山市、衢州市、金华市、温州市、台州市、宁波市、舟山市，占泛长三角 41 个市域的 29.27%。次冷点区域旅游网络产品购买量较小，旅游网络营销效益较低。

由泛长三角旅游流空间冷热点效应分析结果可得以下内容。

1）泛长三角在线旅游流规模冷点多、热点少，空间差异明显

泛长三角在线旅游流规模空间差异明显，旅游网络营销效益较好的（包括热点和次热点）有 10 个市级单位，占泛长三角城市的 23.81%，数据显示旅游网络营销效益较好的区域所占比重较低。相比较而言，旅游网络效益较差的区域（包括冷点和次冷点）有 31 个市级单位，占泛长三角城市的 76.19%，旅游网络营销效益较差的区域所占比重较高，说明泛长三角旅游网络营销整体水平还比较低，在线旅游流规模较小，有待进一步提升。

2）冷点区域呈现皖—苏—浙递减，热点区域苏、浙并列，皖居其次

10 个热点区域（热点和次热点）中江苏省、浙江省的市域分别占 4 个，所占

比例分别为 40%和 40%；安徽省市域 1 个，所占比例为 10%。31 个冷点区域（冷点和次冷点）中江苏省市域占 9 个，所占比例为 29.03%；浙江省市域占 7 个，所占比例为 22.58%；安徽省市域占 15 个，所占比例为 48.39%。由此可见浙江省、江苏省、上海市的旅游网络营销相对走在前列，安徽省则相对落后。

3）泛长三角在线旅游流规模形成"同心圆＋S 形"结构

在空间形态上冷热点区域形成"同心圆＋S 形"结构，上海市、苏州市、嘉兴市为第一同心圆圈层；无锡市、常州市、镇江市、湖州市、宣城市、杭州市、绍兴市为第二同心圆圈层；南通市、泰州市、扬州市、南京市、马鞍山市、黄山市、衢州市、金华市、温州市、台州市、宁波市、舟山市为第三 S 圈层；盐城市、连云港市、淮安市、宿迁市、徐州市、淮北市、宿州市、蚌埠市、滁州市、亳州市、阜阳市、淮南市、合肥市、六安市、芜湖市、铜陵市、池州市、安庆市、丽水市为第四同心圆圈层。

圈层结构是由德国经济学家杜能提出来的，圈层结构很大一部分是核心区吸引力较强，核心区对周边的影响力会随着距离的增大而衰减。从圈层结构来看，南京市、杭州市、合肥市作为省会城市在线旅游网络营销的核心吸引力还未形成，这与现实情况有所差异。相信随着宁杭线的开通，宁杭铁路的交通效应将在泛长三角网络结构中有所体现。

2. 泛长三角重心及标准差椭圆分析

重心及标准差椭圆分析显示，在线购买旅游流规模分布的重心主要位于苏州市境内（120°21′28.843″E，30°57′38.9″N），标准差椭圆主要涵盖了上海市、江苏省的南部、浙江省的北部，安徽省的东南部。具体来讲标准差椭圆北至镇江市、泰州市，南至杭州市、绍兴市、宁波市，东至上海市，西至宣城市、南京市。位于标准差椭圆之内的这些地区，基本为在线购买旅游流的高值集聚区。从标准差椭圆转角 θ 的大小来看，旅游流规模标准差椭圆的转角 $\theta = 126.708°$，表明泛长三角在线旅游流规模空间格局总体上呈现西北—东南格局，且旅游流规模旺盛区域面积较小。

3.4.2　省域旅游流规模空间热点分析

1. 江苏省在线旅游流空间热点分析

利用 ArcGIS 冷热点效应分析江苏省在线旅游流空间结构。江苏省在线旅游流空间结构可以概括为沪宁线呈现热点，苏中、苏北呈现冷点。

江苏省在线旅游流热点区域有 5 个，包括苏州市、无锡市、常州市、南京市、镇江市，占江苏省 13 个市域的 38.46%，热点市域沿泛长三角沪宁线展开。沿着沪宁线展开的主要原因是华东线是长三角地区经典的黄金线路，网络上该类产品非常多，线路的安排引导旅游者沿沪宁线展开分布，此外由于沪宁高铁轴线对空间影响作用不容忽视，其点轴式空间结构异常明显。

江苏省在线旅游流规模冷点区域 8 个，占江苏省 13 个市域的 61.54%。冷点区域主要位于苏中、苏北。可想而知，苏中、苏北网络营销相对滞后。原因是多方面的，区域交通轴线建设的滞后性、区域旅游资源开发等级性低、网络经济滞后等都是制约网络营销效益的可能原因。

2. 浙江省在线旅游流空间热点分析

浙江省在线旅游流空间热点分析显示，浙江省在线旅游流热点区域共 5 个，分别是杭州市、绍关市、宁波市、湖州市、嘉兴市，占浙江省 11 个市域的 45.45%，主要位于浙北。整个浙江省在线旅游信息表征下的旅游流空间特征可以概括为浙北呈现热点，浙南呈现冷点。在线旅游流规模形成的大小往往与旅游线路的多少有密切关系，因为在线旅游流的形成基于在线旅游线路信息的导引。在传统的华东线线路中，浙北融入的市域相对较多，同时浙北地区对接上海的交通较为发达，这就给浙北地区与上海开展线路对接提供了有利条件，从而使得该地区在线旅游流规模相对较大。

嘉兴市、湖州市旅游资源整体优势度不及杭州市、丽水市、台州市等城市，但随着旅游业的发展，旅游资源禀赋对旅游业的推动作用不及旅游业开发初期，优越的交通及主动的线路连接可能才是造成浙北在线购买的旅游流规模较大的原因。

有研究显示，与食、住、游及其他消费相比较，60%左右的旅游者会将交通列为首位。刘刚（2010）研究发现，杭州市在公路里程总量上位于浙江省第一位，然而从交通网络密度和高速公路密度上来看，嘉兴市是条件最好的。这是因为嘉兴市面积小，区域位置条件非常优越——位于上海市和杭州市两大客源市场之间，该区域有较强的交通辐射线，因此嘉兴区域通达性较好，可进入性非常强。而从高速公路的密度来看，湖州排在第二位。总体而言，浙北的交通网络十分发达，高速公路基本覆盖区县，而浙江省南部则远离泛长三角核心区，公路交通网络还不够发达。

3. 安徽省在线旅游流空间热点分析

安徽省在线旅游流空间热点分析显示，安徽省在线购买旅游流空间特征为皖南强，皖中、皖北弱，在线旅游流的梯度扩散空间特征明显。安徽省在线旅游流热点市域为 7 个，分别是黄山市、宣城市、池州市、芜湖市、马鞍山市、铜陵市、安庆市，占安徽省市域总数的 43.75%，在线旅游流分布主要位于皖南地区，包括旅游较为发达的黄山市，皖南地区对接上海市、南京市、杭州市等旅游热点城市的线路较多，且皖南地区旅游资源丰度较高、资源独特，旅游产品多样，旅游吸引力较强，在安徽省建设旅游强省过程中发挥着举足轻重的作用。皖北（包括安徽省省会城市合肥）都是在线旅游流网络购买的冷点区域。首先，皖北旅游资源吸引力不强，缺乏特色的旅游产品，旅游经济较为落后；其次，皖北地区网络营销相对落后；最后，皖北周边毗邻的区域也都相对落后，如苏北、河南省、山东省南部，对整个泛长三角的融合非常薄弱。其中合肥市在现实旅游经济发展中虽然较好，但在线网络营销水平较低，网络营销亟待加强。

3.5　泛长三角在线旅游流流向网络结构研究

3.5.1　泛长三角区域旅游流网络构建

1. 泛长三角旅游流网络结构内涵

网络是由线状要素相互联系组成的系统，可抽象表征复杂的相互关系及空间结构。网络分析试图描述给定的实体（用点表示）之间的关系（用线表示）结构。相同的节点集合，不同的联结方式和联结程度，将形成不同功能的网络结构。

泛长三角在线旅游流网络结构是指旅游行为主体（即旅游者）在不同市域（即点）之间旅游活动过程中发展联结时（即线）而建立的各种旅游流关系的总和。泛长三角在线旅游流网络表征了旅游者活动的空间状态及在线旅游线路的选择，体现了旅游者旅游活动的空间属性和相互关系，旅游者活动的空间状态在一定程度上也反映了旅游线路产品的吸引力及区域空间合作的现状。

2. 泛长三角旅游流网络结构构建思路

（1）确定旅游网络范围和选择旅游节点。本书研究中旅游网络范围包括泛长三角三省一市，共 41 个市域。泛长三角每个市域被看作是旅游流网络中的各个旅游节点。

（2）确定旅游流网络关系。以旅游者旅游活动为行为主体，通过旅游者在旅游节点之间的流动关系表征泛长三角在线旅游流网络结构，网络结构的边用来代表旅游节点之间旅游者流动的有向旅游流关系。例如，以去哪儿网中的一条多节点旅游线路为例，见表 3-2。旅游活动经过 5 个市域（点），则 5 个市域分别标注为 A、B、C、D、E，旅游者从南京市出发，然后依次经过无锡市、苏州市、杭州市、上海市，最后返回南京市，可见 A、B、C、D、E 之间产生旅游流的关系。

表 3-2　旅游流网络关系示意

旅游产品名称	途经城市	购买人数
"惠品江南"南京中山陵＋夫子庙＋无锡蠡湖＋苏州周庄＋唐寅园＋杭州西湖＋西溪湿地＋上海中国馆五日游	南京市（A）—无锡市（B）—苏州市（C）—杭州市（D）—上海市（E）—南京市（A）	7 人

（3）搜集和处理数据。通过五大网站（去哪儿网、欣欣旅游网、途牛旅游网、携程旅行网、淘宝旅行网）在线购买旅游流，获得在线旅游流流向。五大网站数据获取如下（图 3-3）：五大网站获得具有在线购买量的产品共 1650 条，去哪儿网共计 383 条、淘宝旅行网共计 205 条、途牛旅游网共计 197 条、携程旅行网共计 236 条、欣欣旅游网共计 629 条。其中，≤2 个节点的线路共 844 条，>2 个节点的线路共 806 条，依据线路购买量建立游客流向流量数据库。

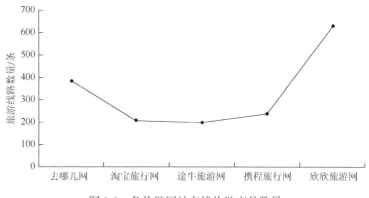

图 3-3　各旅游网站在线旅游产品数量

（4）建立赋值矩阵。依据数据库，构造旅游节点流量流向数据矩阵 X_{ij}，建立赋值矩阵。其中≥1 代表两个节点之间有直接的游客流动关系，表中的数据表示节点之间有流动关系，同时数字大小代表流动强弱，形成赋值矩阵，见表 3-3。

表 3-3　旅游流流动矩阵示例

城市	上海市	南京市	无锡市	徐州市	常州市	苏州市	南通市	连云港市	淮安市	盐城市	扬州市	镇江市	泰州市	宿迁市	杭州市
上海市															
南京市			7												
无锡市						7									
徐州市															
常州市															

续表

城市	上海市	南京市	无锡市	徐州市	常州市	苏州市	南通市	连云港市	淮安市	盐城市	扬州市	镇江市	泰州市	宿迁市	杭州市
苏州市															7
南通市															
连云港市															
淮安市															
盐城市															
扬州市															
镇江市															
泰州市															
宿迁市															
杭州市															

（5）建立二分矩阵。在赋值矩阵的基础上，建立二分矩阵。正确的断点值必须被选择，把赋值矩阵转换成二分矩阵。当旅游节点 i 到旅游节点 j 共发生的旅游路线次数低于断点值时，则单元（i, j）的数值转换成 0，相反则为 1，这样二分矩阵产生，见表 3-4。

表 3-4　旅游流流动二分矩阵示例

城市	上海市	南京市	无锡市	徐州市	常州市	苏州市	南通市	连云港市	淮安市	盐城市	扬州市	镇江市	泰州市	宿迁市	杭州市
上海市															
南京市			1												
无锡市						1									
徐州市															
常州市															
苏州市															1
南通市															
连云港市															
淮安市															
盐城市															
扬州市															
镇江市															
泰州市															
宿迁市															
杭州市															

3. 泛长三角旅游流网络构建评价指标体系

根据二分矩阵,绘制泛长三角旅游流网络结构图,构建评价指标体系(图 3-4),对泛长三角旅游流网络结构进行定量评价。评价指标如下:

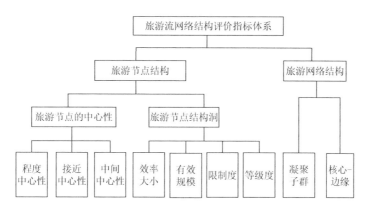

图 3-4   在线旅游流网络结构评价指标体系

对泛长三角旅游流网络结构的评价主要选用旅游节点的中心性(包括程度中心性、接近中心性、中间中心性)、旅游节点结构洞(包括效率大小、有效规模、限制度、等级度)、旅游网络结构(包括凝聚子群、核心-边缘)三个评价指标来衡量。指标的具体含义在本书研究方法中已作介绍,在此不再重复阐述。

3.5.2 泛长三角旅游流网络结构分析

1. 在线旅游流网络密度分析

密度可以反映泛长三角在线旅游流网络中各市域之间联络的整体紧密程度,常用旅游网络中实际存在的关系数量与所有理论上可能存在的关系数量之比表示,此外还可以对网络中不同区域内部及其之间的旅游流联系密度进行比较,以发现区域在线旅游流发展成熟度差异,运用 UCINET 中的 Network/Cohesion/Density 分析模块对在线旅游流流动矩阵进行分析。

结果显示:以 0 为分界点的泛长三角内部在线旅游流网络(图 3-5)的整体密度 Density(matrix average) = 0.221,标准差 Standard deviation = 0.415。由此可见泛长三角内部在线旅游流网络密度较低,说明泛长三角虽然作为我国旅游经济发达区域之一,但整体网络营销还有待加强。由标准差可知,标准差达到了 0.415,可见网络结构很不均衡,这与以旅游流量进行空间分析的结果是一致的。

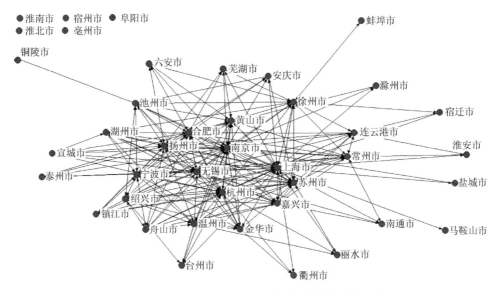

图 3-5　以 0 为分界点的泛长三角内部在线旅游流网络

　　泛长三角在线旅游网络密度仅反映了泛长三角旅游流活动的整体空间联系状态，为了更清晰地认知各省份内部在线旅游流网络密度，对各省份旅游流网络进行密度分析，结果见表 3-5。

表 3-5　苏、浙、皖各省在线旅游流网络密度

省份	密度	标准差
江苏省	0.378	0.485
浙江省	0.500	0.500
安徽省	0.075	0.263

　　由表 3-5 可知，浙江省内旅游流网络密度最高达到 0.5，其次为江苏省，最后为安徽省，说明在线旅游流网络密度呈现浙—苏—皖递减的趋势。从网络标准差看来，浙江省、江苏省两省内部网络结构不均衡，这种不均衡在以流量为研究视角的泛长三角在线旅游流规模空间结构中就有所体现。安徽省内部网络结构相对均衡，从上述以流量为研究视角的安徽省在线旅游流规模空间结构来看，安徽省在线旅游流内部网络之所以相对均衡，是因为安徽省网络发育整体水平相对较低，在整个泛长三角地区普遍处于在线旅游流的冷点区域。

　　2. 泛长三角在线旅游流网络断点值选择

　　由表 3-6 可得以下内容。

表 3-6　不同阈值所产生的泛长三角在线旅游流网络

分界值	孤立市域	主要市域
0	5	淮南市、宿州市、阜阳市、淮北市、亳州市
1	6	蚌埠市、淮南市、淮北市、阜阳市、宿州市、亳州市
5	8	宿迁市、马鞍山市、蚌埠市、淮南市、淮北市、阜阳市、宿州市、亳州市
10	11	徐州市、淮安市、宿迁市、马鞍山市、蚌埠市、淮南市、淮北市、阜阳市、宿州市、亳州市、铜陵市
20	12	丽水市、徐州市、淮安市、宿迁市、马鞍山市、蚌埠市、淮南市、淮北市、阜阳市、宿州市、亳州市、铜陵市
50	15	宣城市、南通市、盐城市、丽水市、徐州市、淮安市、宿迁市、马鞍山市、蚌埠市、淮南市、淮北市、阜阳市、宿州市、亳州市、铜陵市
100	18	滁州市、衢州市、镇江市、丽水市、泰州市、南通市、盐城市、淮安市、宿迁市、马鞍山市、蚌埠市、淮南市、淮北市、铜陵市、阜阳市、宿州市、亳州市、宣城市
500	25	亳州市、阜阳市、宿州市、滁州市、六安市、宣城市、芜湖市、蚌埠市、淮南市、马鞍山市、淮北市、铜陵市、安庆市、衢州市、台州市、丽水市、南通市、连云港市、淮安市、盐城市、扬州市、镇江市、泰州市、宿迁市、徐州市
1000	29	徐州市、南通市、连云港市、淮安市、盐城市、扬州市、镇江市、泰州市、宿迁市、湖州市、金华市、衢州市、台州市、丽水市、合肥市、芜湖市、蚌埠市、淮南市、马鞍山市、淮北市、铜陵市、安庆市、阜阳市、宿州市、滁州市、六安市、宣城市、池州市、亳州市
2000	33	徐州市、常州市、南通市、连云港市、淮安市、盐城市、扬州市、镇江市、泰州市、宿迁市、宁波市、温州市、绍兴市、湖州市、金华市、衢州市、台州市、丽水市、合肥市、芜湖市、蚌埠市、淮南市、马鞍山市、淮北市、铜陵市、安庆市、阜阳市、宿州市、滁州市、六安市、宣城市、池州市、亳州市

　　（1）以 0 为分界点，有 36 个市域在网络范围之内，还有 5 个点成为孤立的点，它们分别是淮南市、宿州市、阜阳市、淮北市、亳州市。这 5 个市域都分布在安徽省北部，占安徽省 16 个市域的 31.25%。以 1 为分界点，有 35 个市域在网络范围之内，还有 6 个点成为孤立的点，它们分别是蚌埠市、淮南市、淮北市、阜阳市、宿州市、亳州市。这 6 个市域都分布在安徽省北部，占安徽省 16 个市域的 37.5%。

　　说明安徽省北部 6 个市旅游网络营销在对外区域的组织上和连接上比较弱，区域整体环境封闭，网络营销滞后。从第 3 章的研究内容来看，皖北的网络营销产生的内部客流也较少。因此，不管是区域内部还是区域与外部区域之间的联系，皖北的旅游网络营销都相对滞后。

　　（2）以 10 为分界点，有 30 个市域在网络范围之内，还有 11 个市域成为孤立的点。这 11 个市域除了分布在安徽省北部，还有江苏省北部城市徐州市、淮安市、宿迁市。说明江苏省北部城市旅游网络线路营销也较落后，尤其是徐州市作为苏北的龙头，虽拥有丰富的楚汉文化资源，但对外宣传和营销却较少，应该进一步加大徐州的网络营销力度，从而与其苏北的"龙头"地位相符。

　　（3）以 100 为分界点，23 个市域在网络范围之内，18 个市域成为孤立的点，孤立点的位置从苏北向苏中、皖北向皖中渐进。此外，在以 100 为分界点的在线旅游流网络图中可知，合肥市作为省会城市与其他省会城市，尤其是与其联系较为紧密的南京市失去了直接联系，相反需要通过黄山市、池州市、芜湖市、安庆市取得间接联系，说明合肥的旅游网络营销在 4 个省会城市中最弱，在安徽省也弱于黄山市、池州市、芜湖市、安庆市。

（4）以 500 为分界点，16 个市域在网络范围之内，25 个市域成为孤立的点，孤立点不仅分布在安徽省、江苏省中北部，浙江省的南部也包括在内。此外，在以 500 为分界点的在线旅游流网络图中，合肥市通过黄山市与南京市、上海市、杭州市取得联系，由此可见黄山市作为安徽省旅游发展市域，在旅游网络营销方面也做得较好，并起到了中介的作用，结构洞作用也比较明显。

（5）以 1000 为分界点，12 个市域在网络范围之内，29 个市域成为孤立的点。从在线旅游流网络图可知，合肥市消失，黄山市作为安徽省唯一的一个市域代表与外界发生联系，其与上海市、杭州市、南京市都发生直接的客流联系，由此安徽省各市域应加强与黄山市的合作，特别是在网络旅游线路营销过程中，设计包含黄山市的旅游线路十分有利于吸引客流，同时要积极地提高省会城市合肥的旅游网络营销水平，因为过度通过黄山旅游通道与安徽省内其他市域发生联系也会给黄山市旅游发展造成客流拥挤、基础设施瓶颈等问题，因此培育新的营销增长极非常重要。

江苏省内只有 4 个城市在网络范围之内，即南京市、苏州市、无锡市、常州市。而浙江省内有 6 个城市在网络范围之内，即杭州市、嘉兴市、绍兴市、宁波市、温州市、舟山市，占到浙江省市域总数的 54.55%，说明浙江省市域旅游网络营销水平整体较强。江苏省应该积极培育苏北旅游网络营销增长极，通过线路设计、旅游资源开发带动苏北地区的旅游发展。

从阈值的不断增大及孤立市域的增多，可以总结出以下结论。

（1）空间的转变——由分界点的逐渐扩大，可以看出孤立点由皖北区域扩大到皖中北区域和苏北区域，再扩大到皖中北和苏北、苏中区域，最后向浙江省南部蔓延。

从孤立点扩散过程来看，浙江省市域网络营销效益显著，省域整体网络营销较好，各市域基本上都较好地融入了长三角的旅游发展之中；江苏省是苏南地区旅游网络营销较发达，苏南较好地融入了长三角的旅游发展之中；安徽省则是皖南地区旅游网络营销相对发达，皖南较好地融入了长三角的旅游发展之中。

（2）不同阈值反映了不同的在线旅游流网络，但是为了更好地分析结构的细微之处，必须选择阈值，选择既能排除干扰又能获得尽可能多信息的网络结构，具体说来主要考虑以下两个因素：①为了更清楚地研究旅游流的网络结构，网络能反映泛长三角在线旅游流基本结构；②网络能剔除一些很弱的孤立点和联系较弱的点，同时网络能够尽可能地反映较多信息。最终本书选择以 100 为阈值，即旅游流向数据大于 100 取值为 1，相反则为 0。选择 100 为阈值的在线旅游流网络结构，包含泛长三角 23 个城市，占泛长三角市域总数的 56.10%。网络基本能反映在线旅游者的旅游活动特征，网络矩阵具有一定的代表性。图 3-6 为以 100 为阈值的泛长三角内部在线旅游流网络结构。

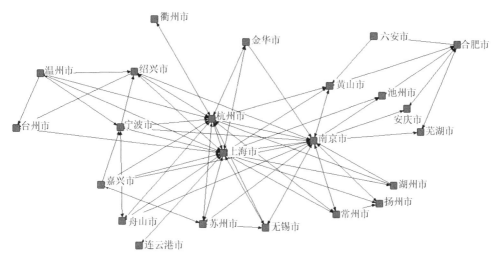

图 3-6　以 100 为阈值的泛长三角内部在线旅游流网络结构

3. 泛长三角在线旅游流网络特征分析

为了较好地进行在线旅游流网络特征分析，必须借助于网络评价的一些指标进行深入分析，因此本书构建了评价指标体系对在线旅游流网络进行定量评价（图3-4）。

1）中心性分析

中心性分析是网络分析的重点之一，是对行动者具有的权利的量化表示。泛长三角中心性分析指标显示了泛长三角市域在区域旅游流网络结构中的位置，中心性特指某市域在整个泛长三角在线旅游流网络中的相对重要性，反映出某一市域居于怎样的中心位置，以及与其他市域旅游地互动中的影响和支配效力。网络中心势是网络的整体中心性，反映出总体整合度与一致性，是旅游流网络整体均衡性的表征。常用的测度模型有：①点的程度中心性；②点的接近中心性；③点的中间中心性。

通过 UCINET 相关分析模块对泛长三角在线旅游流网络 3 种中心性进行分析，得到以下结果。

从表 3-7 可知，泛长三角中 23 个市域中平均每个市域与 2.927 个市域存在着旅游流的集聚与辐射联系；平均每个市域在网络中充当旅游流中介者的次数为12.390；从各指标的方差来看（程度中心性标准差为 4.152，中间中心性标准差为36.507），网络中各节点之间分布不十分均衡，有相当多的市域节点的旅游流通过一部分核心市域形成。

表 3-7 泛长三角在线旅游流网络结构中心性分析

序号	市域	内外向程度中心性		内外向接近中心性		程度中心性	中间中心性	接近中心性
		外向	内向	外向	内向			
1	上海市	17.000	17.000	19.333	19.500	17.000	184.155	806
2	南京市	12.000	16.000	16.833	19.000	16.000	122.726	807
3	无锡市	4.000	4.000	12.583	12.667	4.000	0.000	821
4	常州市	4.000	4.000	12.583	12.667	4.000	1.333	821
5	苏州市	5.000	5.000	13.083	13.167	5.000	0.500	820
6	连云港市	1.000	1.000	10.583	10.667	1.000	0.000	827
7	扬州市	3.000	3.000	11.917	12.000	3.000	0.000	823
8	杭州市	13.000	14.000	17.333	18.000	14.000	92.869	809
9	宁波市	5.000	5.000	13.083	12.833	7.000	2.000	818
10	温州市	5.000	2.000	12.750	11.333	5.000	0.667	822
11	绍兴市	4.000	4.000	12.583	12.333	6.000	1.917	819
12	湖州市	3.000	1.000	12.083	10.667	3.000	0.000	822
13	嘉兴市	5.000	4.000	13.083	12.667	5.000	1.083	820
14	金华市	3.000	2.000	12.083	11.333	3.000	0.000	822
15	台州市	1.000	3.000	10.583	11.667	3.000	0.000	825
16	舟山市	4.000	4.000	12.583	12.667	4.000	0.750	821
17	衢州市	1.000	1.000	9.917	10.167	1.000	0.000	830
18	合肥市	5.000	4.000	11.167	10.667	5.000	28.000	832
19	芜湖市	2.000	2.000	10.667	11.167	2.000	4.536	825
20	安庆市	2.000	2.000	10.667	11.167	2.000	4.536	825
21	黄山市	4.000	5.000	13.000	13.500	5.000	47.607	818
22	六安市	1.000	1.000	8.667	7.500	2.000	0.000	835
23	池州市	3.000	3.000	12.333	12.167	3.000	15.321	821
最大值		17.000	17.000	19.333	19.500	17.000	184.155	835
最小值		1.000	1.000	8.667	7.500	1.000	0.000	807
平均值		2.601	2.601	7.061	7.061	2.927	12.390	821.26
标准差		3.747	4.072	6.491	6.572	4.152	36.507	6.841
中心势/%		36.875	36.88	63.70	64.57	36.99	11.29	65.12

（1）点的程度中心性分析：程度中心性是最简单、最直观衡量哪些市域在旅

游网络中处于重要的中心地位的方法，用一个市域与其他市域之间直接联系的多少来表示。

从程度中心性结果来看，上海市为 17、南京市为 16、杭州市为 14，3 个市域是泛长三角在线旅游流网络的核心城市。3 个市域与泛长三角其他城市联系较多，说明在线旅游网络营销中，与 3 个市域相关的线路非常多，它们已经成为泛长三角非常重要的旅游目的地或者旅游集散地，这与现实情况非常相符。上海市、南京市、杭州市旅游经济异常发达，旅游经济发展的同时网络在线营销也在飞速发展，3 个城市在泛长三角在线旅游网络中起着举足轻重的作用。由于这些旅游节点在线旅游流量较大，旅游企业在线路策划及网络销售时可以积极与上述城市对接，而上述城市也要积极地做好旅游流的疏散工作。

对程度中心性进行排序，排在前十的城市分别为上海市、南京市、杭州市、宁波市、绍兴市、苏州市、温州市、嘉兴市、合肥市、黄山市，除上海市、南京市、杭州市 3 个市域外其他 7 个市域可以认为是泛长三角在线旅游流网络的次级核心。

泛长三角在线旅游流网络中连云港市和衢州市核心度最低。从统计的线路来看，连云港市与南京市、上海市、合肥市直接联系，多节点线路购买量不高，说明产品吸引力不够强。此外在五大网站中，只有欣欣旅游网有相对多的连云港市产品，说明连云港市在网络营销中选择合作网站单一，使购买量偏低，同时过多地依赖省会城市的客源，造成在泛长三角区域内客源相对单一，比较缺乏与其他市域的合作。衢州市在线路设计上也非常单薄，仅与杭州市、上海市组成线路，过多地依赖主要核心节点，且营销的网站中也仅仅与途牛旅游网、携程旅行网、欣欣旅游网合作。

有向旅游网络分外向程度中心性和内向程度中心性，分别表示某市域与其他市域之间的外在联系和内在联系。旅游者从某市域流向其他市域，为外向程度中心性，反之为内向程度中心性。某市域两个指标的大小及比较结果可以反映出它是区域旅游网络的集聚门户（外向程度中心性低，内向程度中心性高）、扩散门户（外向程度中心性高，内向程度中心性低）还是核心门户（外向程度中心性高，内向程度中心性高）。

从程度中心性的出度和入度看，上海市、杭州市、南京市是泛长三角在线旅游流的重要集散门户，尤其是上海市、杭州市的集中和扩散非常显著，集中和扩散的功能相当，而南京市的集聚功能大于扩散，说明南京市作为核心点，在网络营销方面还有待进一步加强，如此才能带动苏北、苏皖交界线的进一步发展，南京市在旅游网络营销中可适当增加以南京市为起点的旅游线路，激发市场需求。苏州市、宁波市、嘉兴市、合肥市、温州市、黄山市属于一般的集散门户，其中温州市的扩散功能显著，出度为 5，入度为 2，这可能与温州市经济发达、客源地属性非常显著有关。

（2）点的中间中心性分析：中间中心性是一个从宏观上衡量某市域在旅游流网络互动中对其他市域控制和依赖程度的指数。它通过测度一个市域出现在另外两个市域测地线（网络中两个市域之间可能存在多条旅游流途径连接，长度最短的叫作测地线）之间次数的多少来表示其重要性，类似于旅游流"桥"的作用。次数越多，中间中心性越大，对旅游流控制力越大，具有结构优势越多，其他市域对其依赖程度越高。

泛长三角在线旅游流整体网络中间中心势较低，仅 11.29%，并且各市域的中间中心性大小相差悬殊，最大值为 184.155，最小值为 0。表明基于网络营销产生的在线旅游流网络中部分市域具有明显的结构优势。从中间中心性结果来看，上海市（184.155）、南京市（122.726）、杭州市（92.869）、黄山市（47.607）的中间中心性较高，在泛长三角旅游线路中充当着旅游通道的作用，其地位显著，尤其是黄山市承担着安徽省内客流流向华东其他省市的重要通道作用，在安徽省境内非常重要，享有较明显的结构优势，是安徽省与江浙两省互动的主要通道。

泛长三角许多市域需要通过中间中心性较高的市域才能发生旅游流的流动。旅游流联系的依附性特征，成为它们独立、自主发展的瓶颈，因此唯有加强自身旅游目的地的建设及自身网络营销的投入才能摆脱依附性特点。尤其是安徽省应尽快发展新的通道，加大旅游流的流动，新通道的发展可以减缓黄山市的客流压力，同时从客流稳定角度来说，发展新的通道更有助于网络的稳定。

（3）点的接近中心性：接近中心性是用某市域与其他市域测地线之和表示其在网络中的位置，其值越小接近中心性越高，说明与其他市域之间的旅游流通达性越好，联系越紧密，并且越处于整个网络的中心，受其他点影响控制程度越小。

泛长三角旅游节点的接近中心性值相差不大，上海市（806）、南京市（807）、杭州市（809）值较小，六安市（835）、合肥市（832）、衢州市（830）较大。接近中心性相差不大说明泛长三角旅游流通达性较好，城市联系便利。

总体来看：泛长三角在线旅游流网络程度中心势数值较高，说明网络已经形成一定的程度中心性，上海市、南京市、杭州市具有较好的程度中心性，它们充当着区域的核心并且在区域旅游流的集聚和扩散中起到一定的作用。衢州市、连云港市的边缘性显著。

上海市、杭州市、南京市是泛长三角在线旅游流的重要集散门户，尤其是上海市、杭州市的集中和扩散非常显著。南京在整个泛长三角中集聚作用明显，是非常重要的旅游目的地，但其扩散作用要小于集聚作用，其他市域在进行旅游网络营销的时候，需要加强与南京市的线路连接。

在线旅游流网络中间中心势较低，网络中部分市域有非常明显的结构优势。上海市、杭州市、南京市、黄山市是泛长三角非常重要的旅游通道，尤其黄山市是连接安徽省与江苏省、浙江省、上海市的重要通道，作用非常明显。

结合程度中心性、接近中心性、中间中心性分析结果，对网络内 23 个市域在网络中的特征描述见表 3-8。

表 3-8　泛长三角在线旅游流网络中各市域特征

序号	市域	特征描述
1	上海市	核心，重要集散门户，重要旅游通道
2	南京市	核心，重要集散门户，重要旅游通道
3	无锡市	一般旅游目的地，一般旅游客源地
4	常州市	一般旅游目的地，一般旅游客源地
5	苏州市	次级核心，集散门户
6	连云港市	边缘
7	扬州市	一般旅游目的地，一般旅游客源地
8	杭州市	核心，重要集散门户
9	宁波市	次级核心，集散门户
10	温州市	次级核心，重要客源地
11	绍兴市	次级核心，集散门户
12	湖州市	一般旅游客源地
13	嘉兴市	次级核心，集散门户
14	金华市	一般旅游客源地
15	台州市	一般旅游目的地
16	舟山市	一般旅游客源地，一般旅游目的地
17	衢州市	边缘
18	合肥市	次级核心，集散门户
19	芜湖市	边缘
20	安庆市	边缘
21	黄山市	次级核心，集散门户，重要旅游目的地，重要旅游通道
22	六安市	边缘
23	池州市	一般旅游客源地，一般旅游目的地

2）节点结构洞分析

拥有无数结构洞优势的某特殊旅游节点表征该旅游节点具有无可替代的区位优势。然而，缺少替代性旅游节点和路线，可能造成旅游流瓶颈问题。结构洞的计算比较复杂，在此可以采用伯特结构洞指数（Burt，1992）。采用有效规模、效率大小、限制度、等级度来测度结构洞，具体计算方法已经在 3.3.3 节方法研究中有所阐述。

利用 UCINET 中分析模块，即 Analysis—Structural holes—Ego network model，对网络进行结构洞分析，得到以下结果。

表 3-9 网络结构洞分析结果显示，上海市、南京市、杭州市有效规模较大，在网络中处于竞争优势，结构洞水平较高，拥有更多的竞争机会和非替代性区位优势。合肥市、黄山市有效规模其次，也具有一定的竞争机会。以上 5 个城市能更好地连接其他市域节点，但可能造成旅游流瓶颈问题，如黄金周城市旅游流较

多,可能会集中于城市的某一个知名景区。例如,南京中山陵就面临这样的问题,因为其往往是旅游者到达南京后游览的第一个旅游景点;杭州西湖也是人满为患的地方,旅游交通基础设施在旅游旺季供应不足;黄山风景区人流量也较大。

表 3-9　泛长三角各市域结构洞分析结果

序号	市域	有效规模	效率大小	限制度	等级度
1	上海市	13.647	0.803	0.210	0.190
2	南京市	12.429	0.777	0.237	0.243
3	无锡市	1.000	0.250	0.766	0.000
4	常州市	1.500	0.375	0.740	0.021
5	苏州市	1.400	0.280	0.638	0.008
6	连云港市	1.000	1.000	1.000	1.000
7	扬州市	1.000	0.333	0.926	0.000
8	杭州市	10.352	0.739	0.268	0.207
9	宁波市	2.700	0.386	0.537	0.105
10	温州市	2.000	0.400	0.697	0.097
11	绍兴市	2.500	0.417	0.615	0.117
12	湖州市	1.000	0.333	1.024	0.041
13	嘉兴市	1.500	0.300	0.663	0.040
14	金华市	1.000	0.333	0.970	0.026
15	台州市	1.250	0.417	1.022	0.090
16	舟山市	1.250	0.313	0.752	0.004
17	衢州市	1.000	1.000	1.000	1.000
18	合肥市	4.722	0.944	0.260	0.021
19	芜湖市	2.000	1.000	0.500	0.000
20	安庆市	2.000	1.000	0.500	0.000
21	黄山市	3.389	0.678	0.523	0.059
22	六安市	1.000	0.500	1.389	0.000
23	池州市	2.333	0.778	0.611	0.052

　　部分城市结构洞水平较高,映射出网络中有较多城市需要依赖上述城市进行旅游流的流动,竞争力较弱。因此,泛长三角其他市域只有积极地发展区域旅游网络营销、不断提升自身旅游业发展水平、加快与泛长三角其他城市的联系才能摆脱其制约作用,特别要主动积极地开展与其他城市的合作,不要过多地依赖某一个结构洞水平较高的城市。

　　对于结构洞水平较高的市域,要通过一定的有效措施才能缓解旅游流的高峰期的瓶颈问题,如在高速路口、换乘中心、停车场、加油站等关键性交通集散点加强人员引导和管理。

3）凝聚子群分析

本书对泛长三角在线旅游流网络进行凝聚子群分析，目的是揭示网络内部的子结构。网络营销所产生的在线旅游流网络凝聚子群分析，通过宏观比较各市域之间旅游流联系的多少和强度，从而找出旅游流整体结构是由哪些小结构组成，如何组成。这种分析有助于找出在旅游联系上具有高度凝聚力的市域集合，有利于认识泛长三角在线旅游流网络结构的发育程度，对于整体上把握泛长三角在线旅游流结构十分有利，同时有利于认识泛长三角网络营销的城市合作性与可能的合作性。凝聚子群分析的概念和方法很多，本书运用 UCINET 中的 Network/Roles & Positions/Structure/Concer 分析模块得到如下凝聚子群图（图 3-7）。

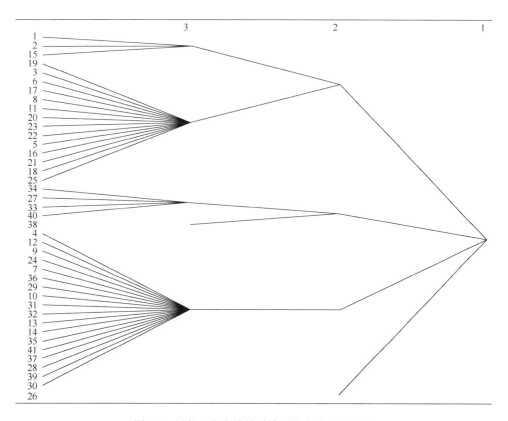

图 3-7　泛长三角在线旅游流网络凝聚子群分析

基于泛长三角在线旅游流网络内部结构有别于传统按照经济关系、资源特色等标准划分的结构，从网络营销视角出发研究网络内部结构，能够对市域的网络营销有更清晰的认知，对于现实旅游流结构的发育等方面有更好的解释。

从表 3-10 及图 3-7 可知,基于在线旅游流网络实际上形成三个凝聚子群,出现了一定的内部凝聚特征,且三个子群之间形成了一定的依赖性,分别为{1、2、15}、{19、3、6、17、8、11、20、23、22、5、16、21、18、25}、{34、27、33、40}。

具体而言,第一凝聚子群主要包含浙江省杭州市、江苏省南京市及上海市;第二凝聚子群主要包含江苏南部地级市及浙江省的所有地级市域(除去丽水);第三凝聚子群则主要由安徽南部地级市组成。具体如下。

(1)第一凝聚子群:包括上海市、南京市、杭州市。

(2)第二凝聚子群:包括常州市、无锡市、苏州市、连云港市、扬州市、嘉兴市、台州市、衢州市、宁波市、金华市、绍兴市、舟山市、温州市、湖州市。

(3)第三凝聚子群:包括黄山市、芜湖市、安庆市、池州市。

凝聚子群分布于上海市、皖南、苏南、浙江省大部分区域。凝聚子群的分布具有一定的区域规律性,但也不局限于某一特定的区域,如上海市、南京市、杭州市形成一个凝聚子群,说明苏、沪、浙虽然不同属一个区域,但空间旅游流交互性强;再如苏南和浙江省虽然也不同属于一个区域,但也形成了凝聚子群,说明空间作用对泛长三角在线购买的制约是有限的,这与泛长三角发达的交通网络密切相关。此外,城市的等级旅游资源、旅游经济、网络经济也是凝聚子群形成的原因。皖南形成凝聚子群,但还未超脱空间距离的限制,这可能与安徽省交通便捷与否及在线旅游产品数量和质量高低与否有一定的关系。同时皖南与江苏省、浙江省城市互动较少。

为了对每个凝聚子群进行深入研究,同时也为了更好地了解凝聚了群之间的依赖程度,对凝聚子群进行密度分析,凝聚子群的密度主要用来衡量一个大的网络中小团体现象是否十分严重,结果见表 3-10。

表 3-10　不同凝聚子群之间的密度

	凝聚子群一	凝聚子群二	凝聚子群三
凝聚子群一	1.000	0.690	0.583
凝聚子群二	0.810	0.077	0.000
凝聚子群三	0.583	0.000	0.000

总体上看,省会城市之间形成了较强的联系网络,第一凝聚子群的网络密度达到 1,对其他的子群网络关联带动效应也很强,说明第一凝聚子群不仅内部联系紧密,而且对泛长三角其他城市的辐射作用也是显而易见的。表 3-10 显示,第二凝聚子群和第三凝聚子群对第一凝聚子群依赖程度较高,依赖程度分别达到 0.810、0.583。

　　第二凝聚子群主要集中在江苏南部市域和浙江省市域，子群密度达到 0.077。泛长三角在线旅游流第二凝聚子群存在跨省联系，但区域交流还不频繁，联系还不够紧密，合作有待加强。但是第一凝聚子群对第二凝聚子群具有一定的依赖性，依赖程度达到 0.690，说明第一凝聚子群的兴盛与第二凝聚子群有关，从网络产品来看，单纯的以上海市、南京市、杭州市构成的旅游线路还是有限的，往往要与浙江省和江苏省的其他城市发生联系。

　　第三凝聚子群主要集中于皖南，凝聚子群密度为 0，对第一凝聚子群的依赖程度达到 0.583，对第二凝聚子群的依赖程度为 0。皖南地区主要与南京市、杭州市、上海市产生联系，与泛长三角其他城市的联系还比较弱。

　　由凝聚子群密度及依赖程度来看，上海市、南京市、杭州市形成的核心层在整个泛长三角中举足轻重，整个泛长三角旅游网络营销形成的旅游流结构形成一个核心层，且其他子群对其有较强的带动性，区域增长极效应显著。然而除核心层外，其他层级联系还比较松散，如第二凝聚子群与第三凝聚子群之间，因此可以说泛长三角在线旅游流网络结构还处于初级发展阶段，单一的核心增长极已经形成，但是区域要实现平衡式发展，还需要经历漫长的时间。因此，旅游网络营销可以进一步培育多个增长极，如培育合肥增长极，多个核心的培育有利于缓解旅游流的过度聚集，有利于通过网络营销实现对现实旅游流的调控。

　　总体而言，泛长三角城市紧紧围绕上海、南京、杭州，虽然导致其他市域过分依赖，但旅游流整体结构的"帮派"较弱，子群与子群之间存在一定的关联性。第一凝聚子群的扩散效应已经显现，这对于后期在线旅游流网络结构的发育具有一定的积极作用。

　　4）核心-边缘分析

　　核心-边缘结构分析的目的是研究社会学网络中哪些节点处于核心地位，哪些节点处于边缘地位。社会学网络分析提供了很多分析模型，其中适宜分析本书二值有向性数据的是核心-边缘缺失模型。可通过 UCINET 中的 Network/Core/Periphery/Categorical 分析模块对泛长三角网络营销所形成的旅游流关系矩阵进行分析。此外还可以通过连续的核心-边缘关联模型（Network/Core/Periphery/Continual）对各个市域的核心度进行测量。结果显示（表 3-11、表 3-12），泛长三角在线旅游流网络结构中核心成员有 7 个，边缘成员有 16 个。

　　（1）7 个核心成员，分别是上海市、南京市、无锡市、苏州市、杭州市、宁波市、嘉兴市。核心成员主要集中在苏南、浙北和上海市。核心成员密度较高，为 0.810，核心成员之间联系较为紧密。核心成员核心度只有上海市、杭州市、南京市相对较高，尤其是上海市超过了 0.5，上海市由于网络营销形成的在线旅游流优势较凸显，其核心地位非常显著。核心成员的跨区域形成，说明泛长三角区域在线旅游流的空间制约作用是有限的。

表3-11　泛长三角在线旅游流网络各市域核心度

市域	核心度	市域	核心度	市域	核心度	市域	核心度	市域	核心度
上海市	0.542	杭州市	0.408	南京市	0.335	嘉兴市	0.218	苏州市	0.216
宁波市	0.209	无锡市	0.189	常州市	0.178	温州市	0.175	舟山市	0.188
绍兴市	0.169	金华市	0.16	湖州市	0.16	黄山市	0.167	扬州市	0.13
池州市	0.114	连云港市	0.066	台州市	0.066	衢州市	0.05	合肥市	0.048
芜湖市	0.047	安庆市	0.047	六安市	0.02				

表3-12　泛长三角在线旅游流网络核心-边缘密度矩阵

	核心	边缘
核心	0.810	0.113
边缘	0.130	0.013

（2）16个边缘成员，分别是湖州市、温州市、连云港市、扬州市、台州市、常州市、金华市、绍兴市、舟山市、黄山市、芜湖市、安庆市、池州市、六安市、徐州市、合肥市。边缘成员对核心成员的依赖程度不高，为0.130，说明泛长三角在线旅游流网络结构发育程度较低，核心和边缘效应显著，但是核心对边缘的带动作用十分有限。

核心-边缘理论是约翰·弗里德曼提出来的，又称为核心外围理论。约翰·弗里德曼非常重视核心区在空间系统中的作用，他认为一个支配外围地区重大决策的核心区的存在对于区域发展具有决定性的意义。核心区的存在最终会引领整个空间的发展。泛长三角在线旅游流网络结构中核心区才刚刚形成，其溢出效益非常小，要发挥网络营销对整个泛长三角旅游流的带动作用，必须通过一定的政策驱动或者企业合作来加强核心区与边缘区的线路合作，同时加强核心区域与边缘区的交通通道建设。

3.5.3　江苏省旅游流网络结构特征分析

1. 网络构建阐释

江苏省在线旅游流网络是指游客到达江苏省后在江苏省内不同城市之间的转移而建立的空间关系。

（1）首先，确定江苏省内13个地级市为网络范围，13个地级市即为旅游节点。游客到达江苏后将在13个旅游目的地之间进行转移。

（2）其次，确定旅游流网络关系。旅游者是旅游活动的主体，其在江苏省内的流动形成了旅游网络，流动的路径形成了网络的边，流动的起点和终点构成了网络中的节点。如一个旅游者从江苏省南京市出发，途经常州市、无锡市，则形成 3 个节点、3 条边的旅游网络。

（3）搜集和处理数据。江苏省在线旅游流流动数据仍然是基于去哪儿网、淘宝旅行网、途牛旅游网、携程旅行网、欣欣旅游网五大网站获得。五大网站获得具有在线购买量的产品共 388 条，去哪儿网共计 109 条、淘宝旅行网共计 42 条、途牛旅游网共计 41 条、携程旅行网共计 44 条、欣欣旅游网共计 152 条。数据的处理与泛长三角数据处理类似，在处理的基础上建立江苏省省内在线旅游流流动数据矩阵（表 3-13）。

表 3-13　江苏省省内在线旅游流流动数据矩阵

城市	南京市	无锡市	徐州市	常州市	苏州市	南通市	连云港市	淮安市	盐城市	扬州市	镇江市	泰州市	宿迁市
南京市	0	990	0	404	212	0	22	0	0	276	43	29	0
无锡市	851	0	2	66	780	2	0	0	0	35	3	0	0
徐州市	1	3	0	3	3	0	3	0	0	0	0	0	3
常州市	1158	3	3	0	38	1	5	1	0	121	0	0	0
苏州市	1261	1351	4	36	0	0	5	0	0	81	0	0	0
南通市	0	2	0	1	0	0	0	0	0	0	0	0	0
连云港市	22	1	4	5	2	0	0	0	0	7	0	0	4
淮安市	0	0	0	1	0	0	1	0	0	0	0	0	0
盐城市	50	0	0	0	0	0	0	0	0	0	0	0	0
扬州市	218	67	0	111	64	0	7	0	0	0	8	0	0
镇江市	46	0	0	0	2	0	0	0	0	40	0	0	0
泰州市	88	2	0	0	0	0	0	0	0	1	0	0	0
宿迁市	0	0	3	0	0	0	0	0	0	0	0	0	0

（4）建立 0-1 矩阵。为了方便与现实客流网络结构进行比较，分析江苏省省内网络在线购买客流，建立在线旅游流网络矩阵，对网络矩阵进行 0-1 标准化处理。取 0 为断点值，将矩阵转化为 0-1 二分矩阵（表 3-14）。

表 3-14　江苏省在线旅游流流动 0-1 矩阵

城市	南京市	无锡市	徐州市	常州市	苏州市	南通市	连云港市	淮安市	盐城市	扬州市	镇江市	泰州市	宿迁市
南京市	0	1	0	1	1	0	1	0	0	1	1	1	0
无锡市	1	0	1	1	1	1	0	0	0	1	1	0	0
徐州市	1	1	0	1	1	0	1	0	0	0	0	0	1

续表

城市	南京市	无锡市	徐州市	常州市	苏州市	南通市	连云港市	淮安市	盐城市	扬州市	镇江市	泰州市	宿迁市
常州市	1	1	1	0	1	1	1	1	0	1	0	0	0
苏州市	1	1	1	1	0	0	1	0	0	1	0	0	0
南通市	0	1	0	1	0	0	0	0	0	0	0	0	0
连云港市	1	1	1	1	1	0	0	0	0	1	0	0	1
淮安市	0	0	0	1	0	0	1	0	0	0	0	0	0
盐城市	1	0	0	0	0	0	0	0	0	0	0	0	0
扬州市	1	1	0	1	1	0	1	0	0	0	1	0	0
镇江市	1	0	0	0	1	0	0	0	0	0	1	0	0
泰州市	1	1	0	0	0	0	0	0	0	0	1	0	0
宿迁市	0	0	1	0	0	0	0	0	0	0	0	0	0

（5）最后根据二分矩阵，绘制江苏省在线购买旅游流网络结构图（图3-8）。

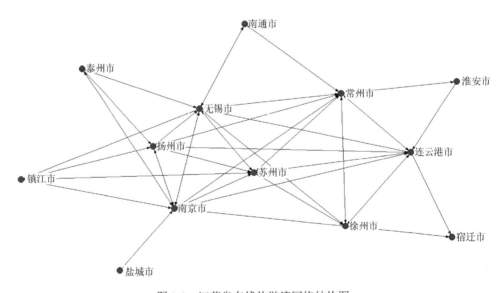

图 3-8　江苏省在线旅游流网络结构图

2. 江苏省在线旅游流网络结构特征分析

1）网络密度与中心势分析

网络密度反映网络中各旅游节点之间的关系紧密程度。网络密度越大，则说明旅游地之间联系越紧密，通过密度指标可以考察现实旅游流网络密度与在线旅游流网络密度的交互情况。通过 UCINET 密度分析显示江苏省在线购买旅游流网络密度为 0.378，标准差为 0.485。旅游流网络程度中心势（37.12%）和中间中心势（16.49%）说明在线购买旅游流有一定的中心化集中趋向。

2）中心性分析

为了更好地探析江苏省在线旅游流网络结构，并对在线购买旅游流网络进行点的中心性和网络中心势分析，分别选择程度中心性、接近中心性、中间中心性 3 个指标研究网络的特征，结果见表 3-15。

表 3-15 江苏省在线旅游流网络中心性分析

序号	市域	内外向程度中心性		内外向接近中心性		程度中心性	中间中心性	接近中心性
		外向	内向	外向	内向			
1	南京市	7.000	9.000	9.000	10.500	9.000	28.017	28.000
2	无锡市	7.000	8.000	9.000	10.000	9.000	14.983	28.000
3	徐州市	6.000	5.000	8.500	8.333	6.000	13.450	31.000
4	常州市	8.000	8.000	9.500	10.000	8.000	25.017	29.000
5	苏州市	6.000	7.000	8.500	9.500	7.000	4.517	30.000
6	南通市	2.000	2.000	6.167	6.500	2.000	0.000	37.000
7	连云港市	7.000	6.000	9.000	9.000	8.000	11.400	29.000
8	淮安市	2.000	1.000	6.167	5.833	2.000	0.000	38.000
9	盐城市	1.000	0.000	5.833	5.000	1.000	0.000	39.000
10	扬州市	6.000	7.000	8.500	9.333	7.000	5.617	30.000
11	镇江市	3.000	3.000	6.500	7.167	4.000	0.000	35.000
12	泰州市	3.000	1.000	6.667	6.000	3.000	0.000	36.000
13	宿迁市	1.000	2.000	5.167	6.333	2.000	0.000	39.000
平均值		4.538	4.538	7.577	7.577	5.231	7.923	33.000
标准差		2.469	3.028	1.445	2.710	2.860	9.535	4.206

（1）江苏省在线旅游流网络中，13 个市域中平均每个市域与 5.231 个市域存在着旅游流的流动关系，说明江苏省在线旅游流网络联系强度一般。此外，平均每个市域在网络中充当旅游流中介者的次数为 7.923。

（2）在线旅游流网络中，程度中心性排在前五的城市分别是南京市、无锡市、常州市、连云港市、苏州市。其中南京市、无锡市、苏州市的点入度要高于点出度，旅游目的地属性显得更强。值得一提的是苏州市，从客流的单项节点流向来看，苏州市的在线客流规模具有明显的优势，属于"同心圆＋S形"结构中的第一同心圆圈层；但从流向来看，苏州市在整个在线旅游流网络结构中不占有绝对的结构优势，只是一个旅游目的地，虽然属于核心城市，但核心地位不突出，这可能源于苏州市具有较高等级的旅游资源，与江苏省内其他城市的合作及与长三角其他城市的合作意愿不强，更多地依靠自身强大的旅游资源来招揽游客。

盐城市、宿迁市、南通市、淮安市程度中心性列于后四名，在整个旅游流网络中的地位较低。

从中间中心性来看，南京市、常州市、无锡市、徐州市是重要的旅游通道，常州市作为地级市在线流通道作用明显，这源于常州市近几年来作为新兴华东旅游目的地，依托其主题公园强大的网络营销利器，网络在线购买的旅游者与日俱增，已经成为华东旅游的重要一环。江苏省 13 个地级市在线旅游流网络中间中心性标准差为 9.535，标准差较大说明区域内部分节点占据着较大的结构优势。

从接近中心性来看，宿迁市、盐城市、淮安市、南通市仍然是位列最后四名，这些市域由于较少融合到多节点旅游路线，往往是双节点旅游路线，因此看似接近中心性较高，实则说明其对整个泛长三角线路融合较差。

中心性分析显示，南京市、无锡市是江苏省在线旅游流网络的核心，在线旅游流在该点集聚强于扩散，南京市、无锡市也是江苏省在线旅游流网络的重要通道。徐州市虽然是苏北旅游业的龙头，核心作用有所显现，但核心作用还有待加强。常州市是江苏省在线旅游流网络的核心，在线旅游流在该点的集聚和扩散相当，常州市已经成为江苏在线旅游产品中的重要节点。苏州市是江苏省在线旅游流网络的核心，但在线旅游流在该点的集聚作用强于扩散作用，苏州市作为旅游目的地的角色更加鲜明。南通市、淮安市、盐城市、镇江市、泰州市、宿迁市在整个在线旅游流网络中居于边缘角色，如表 3-16 所示。

表 3-16　江苏省各市域在线旅游流网络中的角色

序号	市域	在线旅游流网络中市域特征
1	南京市	核心，重要旅游目的地，重要旅游通道
2	无锡市	核心，重要旅游目的地，重要旅游通道
3	徐州市	一般旅游客源、目的地，重要旅游通道
4	常州市	核心，重要旅游客源地，重要旅游目的地，重要旅游通道
5	苏州市	核心，重要旅游目的地
6	南通市	边缘
7	连云港市	核心，一般旅游通道

续表

序号	市域	在线旅游流网络中市域特征
8	淮安市	边缘
9	盐城市	边缘
10	扬州市	核心，一般旅游客源地、目的地
11	镇江市	边缘
12	泰州市	边缘
13	宿迁市	边缘

3）核心-边缘分析

对在线旅游流网络进行核心-边缘分析，结果显示：核心成员有 7 个，占江苏省 13 个市域的 53.85%，分别是南京市、无锡市、徐州市、常州市、苏州市、连云港市、扬州市，核心成员基本上分布在苏南（包括苏州市、无锡市、常州市、南京市），但可喜的是核心成员同时也有徐州市、连云港市、扬州市，即核心成员既有江苏北方的城市也有中部的城市，说明在线旅游流流动区域广，省内具有贯穿江苏省北、中、南部的旅游线路。表 3-17 显示，核心成员核心度常州市最高，为 0.416。常州市的核心度优势较为明显，一方面与常州市近几年网络营销的猛烈势头密切相关，不管是在高速公路、地铁口，还是各大网站、视频等媒体上都能看到常州旅游的广告，特别是常州市的三大主题公园，网络营销势头异常猛烈，由于主题公园季节性非常强，因此国内外主题公园发展较为成功的景区旅游电子商务都异常发达；另一方面随着常州恐龙园成功申请国家 AAAAA 级旅游景区，常州市"无中生有"地创造了较多优势旅游资源，以跑步的速度挤入华东旅游线路中，并成为华东非常重要的旅游通道和旅游目的地之一。但总体来说，各核心成员的核心度普遍不高，基本都在 0.3～0.4，没有绝对的优势区域，说明在线旅游网络营销还有较大的提升空间。

表 3-17　江苏省在线旅游流网络成员核心度

市域	核心度	市域	核心度	市域	核心度	市域	核心度	市域	核心度
南京市	0.368	徐州市	0.313	苏州市	0.366	镇江市	0.162	宿迁市	0.046
无锡市	0.347	常州市	0.416	南通市	0.114	盐城市	0.054		
连云港市	0.376	扬州市	0.338	淮安市	0.118	泰州市	0.159		

注：均值为 0.244；标准差为 0.131；最小为 0.046；最大为 0.416。

表 3-18 显示核心层密度达到 0.905，边缘层仅为 0.286，这表明在线旅游流网络存在明显的结构分层，核心成员之间联系紧密，但对边缘层的市域带动作用还不够强。核心成员分布的广泛性及联系的紧密性十分有利于网络结构的发育，发挥核心成员的优势度，能够较快带动区域整体发展。

核心-边缘分析显示网络边缘成员有 6 个，分别为南通市、淮安市、盐城市、镇江市、泰州市、宿迁市。边缘成员网络对核心成员网络的依赖程度不高，为 0.286。此外宿迁市、盐城市核心度都非常低，旅游发展落后，旅游流流动较少，网络营销推广十分落后。说明基于线路的省内网络营销成员基本上相对固定，线路缺乏创新，线路的连接市域相对固定，一时间省内线路格局还很难打破，需要旅游企业或者政府或者旅游目的地的推动才能不断扩大旅游流的流动范围。

表 3-18　江苏省在线旅游流网络核心-边缘密度矩阵

	核心	边缘
核心	0.905	0.214
边缘	0.286	0.000

江苏省在线旅游流网络结构可以归纳为"分层明显，集聚趋势，双核结构"，即江苏省在线旅游流网络结构分层明显，有集聚趋势，网络发育水平较低，按照美国区域学家约翰·弗里德曼的区域空间结构演变理论，在线旅游流网络还处于初级发展阶段，出现了增长极，从核心-边缘分析可以看出，核心对周边的带动作用还比较弱。在线旅游流网络核心成员为 7 个，在线旅游流网络中核心成员分布广泛，江苏南部、中部、北部都有市域在核心成员范围之内，这十分有利于江苏省省内在线旅游流的发育。可以认为在线旅游流网络形成两个空间极核，分别为苏中南核和苏北核，其中苏中南核所拥有的城市较多，苏北核只拥有两个城市。

3.5.4　浙江省旅游流网络结构特征分析

1. 网络构建阐释

浙江省在线旅游流网络是通过游客在线购买的旅游产品发现游客到达浙江省后在浙江省内不同城市之间的转移而建立的空间关系。

（1）首先，确定浙江省内 11 个地级市为网络范围，11 个地级市即为旅游节点。在线游客购买的旅游产品显示了游客到达浙江后将在 11 个旅游目的地之间进行转移。

（2）其次，确定在线旅游流网络关系。在线旅游线路具有起点、途径节点及终点，根据旅游线路的路径可以确定旅游者的在线旅游流网络关系。

（3）搜集和处理数据。浙江省在线旅游流流动数据仍然从五大网站获得。浙江省具有在线购买量的产品共 401 条，去哪儿网共计 91 条、淘宝旅行网共计 74 条、途牛旅游网共计 45 条、携程旅行网共计 40 条、欣欣旅游网共计 151 条。数据的处理与江苏省在线旅游流数据处理类似，在处理的基础上建立浙江省省内在线旅游流流动数据矩阵（表 3-19）。

表 3-19　浙江省省内在线旅游流流动数据矩阵

城市	杭州市	宁波市	温州市	绍兴市	湖州市	嘉兴市	金华市	衢州市	台州市	丽水市	舟山市
杭州市	0	433	237	1144	62	3072	913	217	16	8	1790
宁波市	690	0	7	339	0	16	12	0	0	0	1128
温州市	237	208	0	905	1	52	34	0	106	6	7
绍兴市	936	40	2	0	0	81	3	0	110	0	25
湖州市	368	1	0	0	0	5	0	0	0	0	0
嘉兴市	2297	103	52	14	7	0	0	0	0	0	7
金华市	865	13	34	3	0	0	0	10	0	0	0
衢州市	223	0	0	0	0	0	0	0	0	0	0
台州市	61	0	0	0	0	0	0	0	0	0	0
丽水市	8	0	6	0	0	0	0	0	0	0	0
舟山市	1617	991	7	16	0	7	0	0	0	0	0

（4）建立 0-1 矩阵。以 0 为阈值，将矩阵转化为 0-1 二分矩阵（表 3-20）。

表 3-20　浙江省在线旅游流流动 0-1 矩阵

城市	杭州市	宁波市	温州市	绍兴市	湖州市	嘉兴市	金华市	衢州市	台州市	丽水市	舟山市
杭州市	0	1	1	1	1	1	1	1	1	1	1
宁波市	1	0	1	1	0	1	1	0	0	0	1
温州市	1	1	0	1	1	1	1	0	1	1	1
绍兴市	1	1	1	0	0	1	1	0	1	0	1
湖州市	1	1	0	0	0	1	0	0	0	0	0
嘉兴市	1	1	1	1	1	0	0	0	0	0	1
金华市	1	1	1	1	0	0	0	1	0	0	0
衢州市	1	0	0	0	0	0	0	0	0	0	0
台州市	1	0	0	0	0	0	0	0	0	0	0
丽水市	1	0	6	0	0	0	0	0	0	0	0
舟山市	1	1	1	1	0	1	0	0	0	0	0

（5）最后根据二分矩阵，绘制浙江省在线购买旅游流网络结构图（图3-9）。

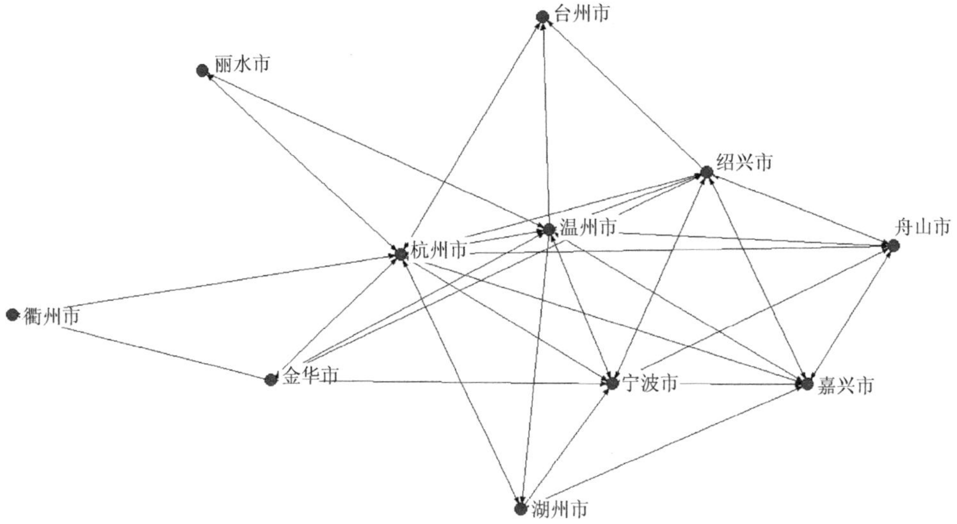

图 3-9　浙江省在线旅游流网络结构图

2. 网络结构特征分析

1）网络密度与中心势分析

通过 UCINET 密度分析显示浙江省在线购买旅游流网络密度为 0.5，标准差为 0.5。旅游流网络程度中心势 55.56%和中间中心势 38.91%，说明在线购买旅游流有明显的中心化集中趋向。

2）中心性分析

仍然选择程度中心性、接近中心性、中间中心性 3 个指标来研究浙江省在线旅游流网络的特征，结果见表 3-21。

表 3-21　浙江省在线旅游流网络中心性分析

序号	市域	内外向程度中心性		内外向接近中心性		程度中心性	中间中心性	接近中心性
		外向	内向	外向	内向			
1	杭州市	10.000	10.000	100	100	10.000	36.833	21.000
2	宁波市	6.000	7.000	71.429	76.923	7.000	2.500	24.000
3	温州市	9.000	7.000	90.909	76.923	9.000	9.833	22.000
4	绍兴市	7.000	6.000	76.923	71.429	7.000	2.333	24.000
5	湖州市	3.000	3.000	58.824	58.824	4.000	0.000	27.000
6	嘉兴市	6.000	6.000	71.429	71.429	6.000	2.000	25.000

续表

序号	市域	内外向程度中心性		内外向接近中心性		程度中心性	中间中心性	接近中心性
		外向	内向	外向	内向			
7	金华市	5.000	4.000	66.667	62.500	5.000	1.500	26.000
8	衢州市	1.000	2.000	52.632	55.556	2.000	0.000	29.000
9	台州市	1.000	3.000	52.632	58.824	3.000	0.000	28.000
10	丽水市	2.000	2.000	55.556	55.556	2.000	0.000	29.000
11	舟山市	5.000	5.000	66.667	66.667	5.000	0.000	26.000
	平均值	5.000	5.000	69.424	68.603	68.603	5.000	25.545
	标准差	2.892	2.374	14.600	12.479	12.479	10.429	2.536

浙江省在线旅游流网络中，11 个市域中平均每个市域与 5.455 个市域存在着旅游流的流动关系。程度中心性排在前五的城市是杭州市、温州市、宁波市、绍兴市、嘉兴市，其中温州市、绍兴市，点出度大于点入度，旅游客源地属性强于旅游目的地属性。这也刚好说明了温州市虽然程度中心性高，但是在以流量为数据分析的泛长三角在线旅游流规模空间结构分析中却是一个次冷点区域。杭州市和嘉兴市，点出度与点入度相同，既是重要的客源地也是重要的旅游目的地。宁波市点入度大于点出度，旅游目的地属性强于旅游客源地属性。

从中间中心性来看，浙江省在线旅游流网络中平均每个市域在网络中充当旅游流中介者的次数为 5，但各市域中间中心性的标准差为 10.429，中间中心性相差较大，说明少数节点占据了较强的结构优势，即杭州市、温州市中间中心性较大，成为非常重要的旅游通道。

从接近中心性来看，丽水市、衢州市、台州市、湖州市接近中心性最高，这些市域较少融合到多节点旅游路线中，往往是双节点旅游路线，因此看似接近中心性较高，实则说明其对整个泛长三角线路融合较差。

3）核心-边缘分析

对在线旅游流网络进行核心-边缘分析，结果显示浙江省在线旅游流网络核心成员有 5 个，占浙江省 11 个市域的 45.45%，分别是杭州市、宁波市、温州市、绍兴市、嘉兴市，核心成员基本上分布在浙北，温州市发达的区域经济使其成为非常重要的客源地，也跻身到了核心成员的范畴之内（表 3-22）。

表 3-22　浙江省各市域在线旅游流网络中的角色

序号	市域	在线旅游流网络中市域角色
1	杭州市	核心，重要旅游客源地、重要旅游目的地，集散门户，旅游通道
2	宁波市	次核心，重要旅游目的地、一般旅游客源地，集聚大于扩散

续表

序号	市域	在线旅游流网络中市域角色
3	温州市	核心，重要旅游客源地、一般旅游目的地，扩散大于集聚，旅游通道
4	绍兴市	次核心，重要旅游客源地、一般旅游目的地，扩散大于集聚
5	湖州市	边缘
6	嘉兴市	次核心，一般旅游客源地、一般旅游目的地，集聚与扩散相当
7	金华市	一般旅游客源地、一般旅游目的地，扩散大于集聚
8	衢州市	边缘
9	台州市	边缘
10	丽水市	边缘
11	舟山市	一般旅游客源地、一般旅游目的地，集聚与扩散相当

表 3-23 显示核心成员核心度杭州市最高，为 0.454。杭州市是浙江省的省会城市，具有免费开放式景区——西湖和世界三大名秀之一的宋城千古情，杭州市现已形成西湖观光、宋城怀古的经典线路，此外杭州市与苏南、上海市等城市连接线路较多，在浙江省内部也是非常重要的旅游客源地和旅游目的地。温州市核心度也大于 0.4，核心度仅次于杭州市。温州市区域经济发达，旅游资源众多，有重量级旅游资源——雁荡山，此外由于经济发达，以温州市为起点的旅游线路众多，旅游流流出较强。

表 3-23　浙江省在线旅游流网络成员核心度

市域	核心度	市域	核心度	市域	核心度	市域	核心度
杭州市	0.454	绍兴市	0.371	金华市	0.260	丽水市	0.130
宁波市	0.358	湖州市	0.171	衢州市	0.066	舟山市	0.312
温州市	0.437	嘉兴市	0.342	台州市	0.066		

注：均值为 0.270；标准差为 0.135；最小为 0.066；最大为 0.454。

衢州市、台州市核心度最低，都是 0.066。衢州市、台州市在浙江省内区域经济相对落后，且重量级旅游资源较少，因此于在线旅游流网络结构中处于边缘地位，核心度最低。

表 3-24 显示浙江省在线旅游流网络存在明显的结构分层，核心-边缘结构明显，核心成员之间联系非常紧密，密度为 1，核心层对边缘层具有一定的带动作用，同时也依赖边缘层。边缘层对核心层的依赖程度达到 0.533，核心层对边缘层的带动程度达到了 0.600。无论从各层联系密度还是核心与边缘之间的依赖和带动程度来看，浙江省在线旅游流网络空间的联系紧密程度都强于江苏省在线旅游流网络空间的联系。

总体而言，浙江省在线旅游流网络各旅游节点核心度有差别，但核心度整体水平都比较低，都小于 0.5，说明在线旅游流网络结构发育程度还不高。

表 3-24　浙江省在线旅游流网络核心–边缘密度矩阵

	核心	边缘
核心	1.000	0.600
边缘	0.533	0.033

总体而言，浙江省在线旅游流网络结构可以归纳为"分层明显，集聚趋势，核心边缘-飞地型"，浙江省在线旅游流网络形成明显的核心-边缘分层，核心层和边缘层内部联系紧密且核心-边缘之间的联系程度也相对紧密。核心成员主要分布于浙北，但在外围边缘区域出现核心成员——温州市，温州市就如同一个飞地成员一样镶嵌在边缘层的一块特殊区域中。

3.5.5　安徽省旅游流网络结构特征分析

1. 网络构建阐释

安徽省在线旅游流网络是通过游客在线购买的旅游产品发现游客到达安徽省后在安徽省内不同城市之间的转移而建立的空间关系，安徽省具有 16 个市域，则网络中存在 16 个节点。根据在线旅游者购买数据，安徽省在线旅游流流动数据仍然从五大网站获得。安徽省具有在线购买量的产品共 59 条，去哪儿网共计 17 条、淘宝旅行网共计 6 条、途牛旅游网共计 0 条、携程旅行网共计 10 条、欣欣旅游网共计 26 条。数据的处理与其他两省类似，在处理的基础上建立安徽省省内在线旅游流流动数据矩阵（表 3-25）。根据安徽省在线旅游流流动矩阵建立 0-1 矩阵，即以 0 为阈值，将矩阵转化为 0-1 二分矩阵。最后根据二分矩阵，绘制安徽省省内在线购买旅游流网络结构图（图 3-10）。

表 3-25　安徽省省内在线旅游流流动数据矩阵

城市	合肥市	芜湖市	蚌埠市	淮南市	马鞍山市	淮北市	铜陵市	安庆市	黄山市	阜阳市	宿州市	滁州市	六安市	宣城市	池州市	亳州市
合肥市	0	383	0	0	0	0	169	512	0	0	0	194	5	450	0
芜湖市	365	0	0	0	0	0	0	3	0	0	0	0	0	0	0
蚌埠市	0	0	0	0	0	0	0	0	0	0	0	0	0	0	0
淮南市	0	0	0	0	0	0	0	0	0	0	0	0	0	0	0
马鞍山市	0	0	0	0	0	0	0	0	0	0	0	0	0	0	0

续表

城市	合肥市	芜湖市	蚌埠市	淮南市	马鞍山市	淮北市	铜陵市	安庆市	黄山市	阜阳市	宿州市	滁州市	六安市	宣城市	池州市	亳州市
淮北市	0	0	0	0	0	0	0	0	0	0	0	0	0	0	0	0
铜陵市	0	0	0	0	0	0	0	0	0	0	0	0	0	0	0	0
安庆市	169	0	0	0	0	0	0	0	0	0	0	0	0	0	1	0
黄山市	513	0	0	0	0	0	0	0	0	0	0	0	0	0	73	0
阜阳市	0	0	0	0	0	0	0	0	0	0	0	0	0	0	0	0
宿州市	0	0	0	0	0	0	0	0	0	0	0	0	0	0	0	0
滁州市	2	0	0	0	0	0	0	0	0	0	0	0	0	0	0	0
六安市	10	0	0	0	0	0	0	0	184	0	0	0	0	0	0	0
宣城市	0	0	0	0	0	0	0	0	0	0	0	0	0	0	0	0
池州市	451	0	0	0	0	0	8	0	65	0	0	0	0	0	0	0
亳州市	0	0	0	0	0	0	0	0	0	0	0	0	0	0	0	0

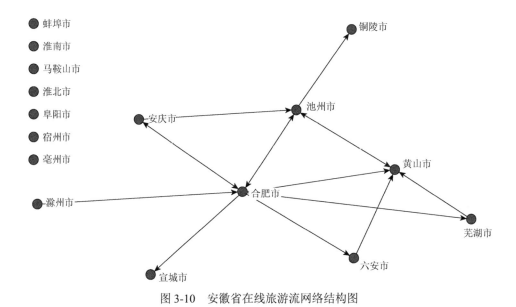

图 3-10　安徽省在线旅游流网络结构图

2. 网络结构特征分析

1）网络密度与中心势分析

通过 UCINET 密度分析显示安徽省在线旅游流网络密度为 0.075，且网络中所含节点仅为 9 个，7 个市域与安徽省内其他市域无任何联系。旅游流网络程度中心势为 41.90% 和中间中心势为 12.35%，结果显示安徽省在线旅游流联系非常少，且仅仅局限于某些旅游节点。

2）中心性分析

仍然选择程度中心性、接近中心性、中间中心性 3 个指标来研究安徽省在线旅游流网络的特征，结果见表 3-26。

表 3-26　安徽省在线旅游流网络中心性分析

序号	市域	内外向程度中心性		程度中心性	中间中心性	接近中心性
		外向	内向			
1	合肥市	6.000	6.000	7.000	18.000	137.000
2	芜湖市	2.000	1.000	2.000	0.000	143.000
3	蚌埠市	0.000	0.000	0.000	0.000	0.000
4	淮南市	0.000	0.000	0.000	0.000	0.000
5	马鞍山市	0.000	0.000	0.000	0.000	0.000
6	淮北市	0.000	0.000	0.000	0.000	0.000
7	铜陵市	0.000	1.000	1.000	0.000	147.000
8	安庆市	2.000	1.000	2.000	0.000	142.000
9	黄山市	2.000	4.000	4.000	2.500	140.000
10	阜阳市	0.000	0.000	0.000	0.000	0.000
11	宿州市	0.000	0.000	0.000	0.000	0.000
12	滁州市	1.000	0.000	1.000	0.000	144.000
13	六安市	2.000	1.000	2.000	0.000	143.000
14	宣城市	0.000	1.000	1.000	0.000	144.000
15	池州市	3.000	3.000	4.000	7.500	140.000
16	亳州市	0.000	0.000	0.000	0.000	0.000
	平均值	1.125	1.125	1.500	1.750	80.000
	标准差	1.615	1.691	1.936	4.593	70.583

注：由于网络没有完全连接，存在不确定的距离，因此安徽省在线旅游流网络中各旅游节点内向接近中心性和外向接近中心性没有办法确定。

安徽省内有7个地级市孤立于在线旅游流网络之外，孤立点占安徽省43.75%，说明安徽省整体在线旅游流联系不发达。

安徽省在线旅游流网络中，平均每个市域与 1.5 个市域存在着旅游流的流动关系，相比较浙江省和江苏省而言，安徽省内部市域旅游流流动关系非常弱，这与安徽省内部大部分地区在线旅游流流量相对较少基本吻合。程度中心性排在前三的城市是合肥市、黄山市、池州市，其中合肥市、池州市点出度等于点入度，既是旅游客源地也是旅游目的地。合肥市、池州市是安徽省非常重要的客源地也是非常重要的旅游目的地,而黄山市在线旅游流入度明显大于出度,旅游目的地的角色非常明显,这与黄山风景区作为世界性的旅游目的地是相吻合的,但黄山市在整个安徽省内在线旅游流网络中的程度中心性与池州市一样,并没有表现出明显的旅游地位,相反在整个华东旅游区域而言,黄山市在连接安徽省和江苏省、浙江省的作用要明显大于其在本省的旅游地位。合肥市作为省会城市,其在安徽省内的旅游地位仍然不可动摇。

从中间中心性来看,安徽省在线旅游流网络中平均每个市域在网络中充当旅游流中介者的次数为 1.750,各市域中间中心性的标准差为 4.593,标准差远远小于江苏省和浙江省网络旅游节点中间中心性标准差,旅游节点的结构性优势不明显。合肥市、黄山市、池州市的结构性优势相对明显,尤其是合肥市,在安徽省在线旅游流网络中的结构优势较为明显,合肥市成为皖南和皖北互动的连接通道,而从整个泛长三角在线旅游流网络结构来看,黄山市则充当了安徽省与浙江省和江苏省的连接通道。

从接近中心性来看,铜陵市、滁州市、宣城市、芜湖市接近中心性最高,这些市域较少融合到多节点旅游路线,往往是双节点旅游路线,因此接近中心性较高。这些节点不受其他节点控制的能力比较强,也就是说它们与其他节点的联络往往是一种直接联系。

3)核心-边缘分析

对安徽省在线旅游流网络进行核心-边缘分析,结果显示安徽省在线旅游流网络核心成员有 5 个,占安徽省 16 个市域的 31.25%,分别是合肥市、芜湖市、安庆市、黄山市、池州市,核心成员基本上分布在皖中、皖南,且集中连片分布(表 3-27)。

表 3-27 安徽省各市域在线旅游流网络中的角色

序号	市域	在线旅游流网络中市域角色
1	合肥市	一级核心,集聚和扩散中心,重要旅游客源地和重要旅游目的地、安徽省内在线旅游流重要旅游通道
2	芜湖市	三级核心
3	蚌埠市	孤立点
4	淮南市	孤立点
5	马鞍山市	孤立点
6	淮北市	孤立点
7	铜陵市	边缘
8	安庆市	三级核心
9	黄山市	二级核心,集聚中心,重要旅游目的地
10	阜阳市	孤立点

续表

序号	市域	在线旅游流网络中市域角色
11	宿州市	孤立点
12	滁州市	边缘
13	六安市	边缘
14	宣城市	边缘
15	池州市	二级核心，集聚和扩散相当，一般旅游目的地和一般旅游客源地、旅游通道
16	亳州市	孤立点

表 3-28 显示核心成员中合肥的核心度最高，为 0.8；芜湖市、安庆市、黄山市、池州市、六安市核心度都为 0.255。合肥市在整个泛长三角区域的在线旅游流网络中核心度较低，然而在本省内核心度比较高，拥有绝对的旅游地位。相比较而言，黄山市在泛长三角在线旅游流网络中核心度要高于安徽省内在线旅游流网络中的核心度，由此可见，黄山市与省外城市联系较多，与本省联系相对较少。芜湖市、安庆市、池州市在本省的核心地位要高于在泛长三角地区的在线旅游流网络中的核心地位。

表 3-28 安徽省在线旅游流网络成员核心度

市域	核心度	市域	核心度	市域	核心度	市域	核心度
合肥市	0.8	淮南市	0	铜陵市	0	阜阳市	0
芜湖市	0.255	马鞍山市	0	安庆市	0.255	宿州市	0
蚌埠市	0	淮北市	0	黄山市	0.255	滁州市	0.187
宣城市	0	池州市	0.255	亳州市	0	六安市	0.255

注：均值为 0.141；标准差为 0.206；最小为 0；最大为 0.8。

表 3-29 显示安徽省在线旅游流网络结构核心-边缘结构明显，核心成员联系密度为 0.600，边缘对核心的依赖性比较低，仅为 0.055，核心对边缘的影响也十分微弱，仅有 0.055。无论从各层联系密度还是核心与边缘之间的依赖和带动程度来看，安徽省在线旅游流网络空间都较弱，明显滞后于江苏省和浙江省在线旅游流网络联系程度。

表 3-29 安徽省在线旅游流网络核心-边缘密度矩阵

	核心	边缘
核心	0.600	0.055
边缘	0.055	0.000

总体而言，安徽省整体核心度都比较低，但各旅游节点核心度有明显差别，核心度标准差为 0.206，核心度标准差明显高于浙江省和安徽省，合肥市一枝独秀，核心度较高达到 0.8，说明安徽省内在线旅游流网络结构发育程度比较低。

总体而言，安徽省在线旅游流网络结构可以归纳为"分层明显，梯度扩散，双核结构"。

安徽省在线旅游流网络形成明显的核心-边缘分层，核心层和边缘层联系松散，依附度和影响度很低。省内形成明显的双核结构，合肥市构成一核，芜湖市、安庆市、黄山市、池州市构成皖南核心，且合肥市核心在省内要强于皖南核心。

3.5.6　苏浙皖在线旅游流网络结构特征对比分析

（1）从网络密度来看，浙江省在线旅游流网络密度（0.500）＞江苏省在线旅游流网络密度（0.378）＞安徽省在线旅游流网络密度（0.075）。由此可见浙江省内的在线旅游流联系较多，市域之间的旅游联系相对较多，平均每个市域与 5.455 个市域存在着旅游流的流动关系，在线旅游流网络相对发达。江苏省内在线旅游流联系强度仅次于浙江省，13 个市域中平均每个市域与 5.231 个市域存在着旅游流的流动关系。安徽省内联系则最少，在线旅游流网络还未较好形成，平均每个市域与 1.5 个市域存在着旅游流的流动关系。以上说明以网络信息表征的在线旅游流联系强度呈现浙、苏、皖的次序减弱。

（2）从程度中心性来看，杭州市（10）＞南京市（9）＞合肥市（7），省会城市杭州市表现出更强的中心性。但是江苏省内无锡市（9）、常州市（8）、连云港市（8）、苏州市（7）等二线城市则表现出比浙江省温州市（9）、宁波市（7）、绍兴市（7）、嘉兴市（6）和安徽省黄山市（4）、池州市（4）等二线城市更强的中心性。以上说明从城市中心性来看，苏、浙、皖城市中心性呈现减弱趋势。说明江苏省相对浙江省而言，在在线旅游发展方面表现出更大的不平衡性，而杭州市比南京市在各自省内的在线旅游流网络结构中表现出更大的结构优势。

（3）从核心-边缘分析来看，江苏省核心成员有 7 个，占江苏省 13 个市域的53.85%；浙江省在线旅游流网络核心成员有 5 个，占浙江省 11 个市域的 45.45%；安徽省在线旅游流网络核心成员 5 个，占安徽省 16 个市域的 31.25%。浙江省内核心成员之间联系的紧密度（1.000）＞江苏省内核心成员之间的联系的紧密度（0.905）＞安徽省内核心成员之间的联系的紧密度（0.600）；浙江省核心对边缘的作用（0.600）＞江苏省核心对边缘的作用（0.214）＞安徽省核心对边缘的作用（0.055）；浙江省边缘对核心的依赖（0.533）＞江苏省边缘对核心的依赖（0.286）＞安徽省边缘对核心的依赖（0.055）。说明浙江省内核心已经产生了一定的溢出效应，边缘区已经受到核心区的恩泽。

江苏省内、安徽省内形成"双核结构"，即苏中南、苏北核和皖南、合肥核；浙江省则形成"核心边缘-飞地型结构"。虽然江苏省和安徽省是双核，但双核有主次，安徽省内的合肥市形成的核心要强于皖南、江苏省内苏中南核要强于苏北核。

（4）从以上对比分析来看，浙江省在线旅游流网络明显发达于江苏省和安徽省，其中安徽省最为落后；浙江省省会城市——杭州市的中心性地位更为突出；浙江省在线旅游流发展比江苏省和安徽省更为平衡。

3.6　本章小结

本章在明确了在线旅游流研究意义的基础上，利用 ArcGIS 软件中的空间热点效应、标准差椭圆、社会学网络分析等分析方法，重点研究泛长三角 41 个市域及各省域在线旅游流空间结构。

研究得到以下结果。

1）泛长三角整体在线营销弱，安徽省最弱

从整个区域来看，泛长三角在线旅游流规模冷点多、热点少。冷点区域数量呈现皖—苏—浙递减，热点区域数量苏、浙并列，皖居其次。浙江省、江苏省、上海市旅游网络营销相对走在前列，在线旅游流规模较大，安徽省则相对落后。总体而言，泛长三角在线旅游流规模较小区域所占比重较高，在线网络营销有待加强。

2）泛长三角在线旅游流规模空间结构分层明显

整个区域冷热点区域分层明显，形成以上海市、嘉兴市、苏州市为核心的"同心圆＋S 形"的四级结构，南京市、杭州市在线旅游流规模还未形成强大的核心；泛长三角在线旅游流规模空间格局总体上呈现西北—东南格局。

从各省域来看，江苏省在线旅游流规模沪宁线呈现热点，苏中、苏北呈现冷点，点轴式空间结构异常明显；浙江省在线旅游流在浙北呈现热点，浙南呈现冷点，交通因素作用明显；安徽省在线旅游流皖南强，皖中、皖北弱，在线旅游流的梯度扩散空间特征明显，其中皖南为第一梯度、皖中为第二梯度、皖北为第三梯度，安徽省在线旅游流受资源因素作用明显。

3）泛长三角内部在线旅游流网络联系整体较低，网络密度呈现浙—苏—皖递减趋势

泛长三角内部在线旅游流网络密度整体较低，泛长三角中 23 个市域中平均每个市域与 2.927 个市域存在着旅游流的集聚与辐射联系。平均每个市域在网络中充当旅游流中介者的次数为 12.390，网络整体结构呈现不均衡性。各省域在线旅游流网络密度呈现浙—苏—皖递减趋势，浙江省、江苏省两省内部网络结构不均衡，安徽省内部网络结构相对均衡。安徽省在线旅游流内部网络之所以相对均衡，

是因为安徽省网络发育整体水平相对较低，安徽省在整个泛长三角地区普遍处于在线旅游流的冷点区域。

4）随着流量阈值的不断增大，在线旅游流网络核心-边缘特征逐步清晰

在不同流量控制下的泛长三角在线旅游流参与的节点数、路径数随着流量阈值的增加而逐步减少。在流量阈值的变换中，泛长三角核心城市和主要路径不断呈现，核心-边缘的特征也逐渐清晰，边缘区域由皖北区域扩大到皖中北区域和苏北区域再扩大到皖中北和苏北、苏中区域，最后向浙江省南部蔓延。

选择 100 为阈值的在线旅游流网络结构，该网络包含泛长三角 23 个城市，占泛长三角市域总数的 56.10%。网络基本能反映在线旅游者的旅游活动特征，网络矩阵具有一定的代表性。

5）上海市、南京市、杭州市是区域核心城市，集散门户，黄山市通道作用凸显

从程度中心性结果来看，上海市为 17、南京市为 16、杭州市为 14，这 3 个市域是泛长三角在线旅游流网络的核心城市，集散门户。上海市、杭州市的集中和扩散非常显著，集中和扩散的功能相当，而南京市则集聚的功能大于扩散。宁波市、绍兴市、苏州市、温州市、嘉兴市、合肥市、黄山市，是泛长三角在线旅游流网络的次级核心。网络中连云港市和衢州市核心度最低。

从中间中心性结果来看，上海市（184.155）、南京市（122.726）、杭州市（92.869）、黄山市（47.607）中间中心性较高，在泛长三角旅游线路中充当着旅游通道的作用，其地位显著，尤其是黄山市承担着安徽省内客流流向华东其他省市的重要通道作用，在安徽省境内非常重要，享有较明显的结构优势，是安徽省与江浙两省互动的主要通道。

6）泛长三角形成三大凝聚子群，空间作用制约有限

凝聚子群分析结果显示，泛长三角形成三大凝聚子群。上海市、南京市、杭州市形成第一凝聚子群，凝聚子群密度为 1；第二凝聚子群主要集中在江苏省南部市域和浙江省市域，凝聚子群密度达到 0.077；第三凝聚子群主要集中于皖南，凝聚子群为 0。第一凝聚子群对第二凝聚子群具有一定的依赖性，依赖程度达到 0.690。第三凝聚子群对第一凝聚子群的依赖程度达到 0.583，对第二凝聚子群的依赖程度为 0。皖南地区主要与南京市、杭州市、上海市产生联系，与泛长三角其他城市的联系还比较弱。凝聚子群的跨区域性说明空间作用对泛长三角在线购买的制约是有限的。三大凝聚子群的形成说明泛长三角在线旅游流网络现已经形成三级旅游地体系，二级体系和三级体系对一级体系依赖较强，三级体系和二级体系联系较弱。

7）核心-边缘结构显著，相互影响较弱

核心-边缘分析结果显示泛长三角在线旅游流网络结构发育程度较低，核心和

边缘效应显著,核心成员有 7 个,边缘成员有 16 个,核心成员密度较高,为 0.810,核心成员之间联系较为紧密,边缘成员对核心成员的依赖程度不高,为 0.130,边缘与核心未形成较好的影响和依赖作用。

8)江苏省内在线旅游流流动较弱,双核结构

江苏省在线购买旅游流网络密度为 0.378,标准差为 0.485。旅游流网络程度中心势(37.12%)和中间中心势(16.49%),在线旅游流有一定的中心化集中趋向。省内各市域联系强度一般,13 个市域中平均每个市域与 5.231 个市域存在着旅游流的流动关系。程度中心性显示南京市、无锡市、常州市、连云港市、苏州市中心地位较强。从中间中心性来看,南京市、常州市、无锡市、徐州市是重要的旅游通道,宿迁市、盐城市、淮安市、南通市省内融入度较差。江苏省内在线旅游流网络结构呈现双核结构,即以徐州市、连云港市为核心的苏北核和以苏锡常、宁镇扬为核心的苏中南核,核心边缘的相互影响作用不强。

9)浙江省内在线旅游流流动较强,核心边缘-飞地型结构

浙江省在线购买旅游流网络密度为 0.5,标准差为 0.5。11 个市域中平均每个市域与 5.455 个市域存在着旅游流的流动关系。旅游流网络程度中心势为 55.56%和中间中心势为 38.91%,说明在线购买旅游流有明显的中心化集中趋向。杭州市、温州市、宁波市、绍兴市、嘉兴市中心地位较强,杭州市、温州市中间中心性较大,成为非常重要的旅游通道。从接近中心性来看,丽水市、衢州市、台州市、湖州市接近中心性最高,这些市域在省内融合较差。浙江省在线旅游流网络形成明显的核心边缘-飞地型结构,核心成员主要分布于浙北,核心层和边缘层内部联系紧密且核心边缘之间的联系程度也相对紧密。

10)安徽省内在线旅游流流动非常弱,双核结构

安徽省在线旅游流网络密度为 0.075,且网络中所含节点仅为 9 个,仅有56.25%的市域存在旅游流流动关系,省内旅游流流动联系较弱。旅游流网络程度中心势为 41.90%和中间中心势为 12.35%。

合肥市、黄山市、池州市中心性地位显著,其中合肥市、池州市既是旅游客源地也是旅游目的地,而黄山市旅游目的地的角色非常明显。合肥市成为皖南和皖北互动的连接通道,而从整个泛长三角在线旅游流网络结构来看,黄山市则充当了安徽省与浙江省和江苏省的连接通道。铜陵市、滁州市、宣城市、芜湖市接近中心性最高,这些市域较少融合到省内多节点旅游路线中。

安徽省在线旅游流网络形成明显的核心-边缘分层,核心层和边缘层联系松散,依附度和影响度很低。省内形成明显的双核结构,合肥市构成一核,芜湖市、安庆市、黄山市、池州市构成皖南核心,且合肥市核心在省内要强于皖南核心。

11)浙江省在线旅游流流动联系最多,网络更加均衡

以网络信息表征的在线旅游流联系强度呈现浙—苏—皖的次序减弱,即浙江

省内在线旅游流流动较强，联系强度相对较大，江苏省次之，安徽省最后。

江苏省与浙江省相比，在线旅游发展方面表现出更大的不平衡性，而杭州市比南京市在浙江省和江苏省内的在线旅游流网络结构中表现出更大的结构优势。

江苏省、安徽省内形成"双核结构"，即苏中南、苏北核和皖南、合肥核；浙江省则形成"核心边缘-飞地型结构"。虽然江苏省和安徽省是双核，但双核有主次，安徽省内的合肥市形成的核心要强于皖南、江苏省内苏中南核要强于苏北核。

本章从泛长三角整个区域及各省域在线旅游流网络结构研究中得出了一些有益结论，然而本书的研究还有许多不足之处，主要表现在对于泛长三角在线网络结构的阈值选择仅从可解释性角度出发，对于到底选择什么样的断点值最为科学，是今后需要进一步探讨和研究的问题。

第4章 在线与现实旅游流空间结构对比研究
——以江苏省为例

4.1 本章概述

在线旅游流是现实旅游流的征兆,有学者认为利用在线旅游流信息可实现对现实旅游流的管理。本书试图实现泛长三角在线旅游流与现实旅游流空间格局的对比研究,从而更加深入地分析泛长三角在线网络营销优劣。但泛长三角包含城市较多,现实的游客流动调研存在一定的难度,受时间、人力、物力的限制,本书选取江苏省作为典型案例来进行在线与现实旅游流空间格局的对比研究,即选取江苏省作为典型案例开展研究,对江苏省在线与现实旅游流网络格局进行对比分析,通过分析求证在线与现实旅游流空间结构的关系,为在线网络信息建设提供一些建议。

本章之所以选择江苏省作为典型案例进行分析,是因为江苏省旅游业较发达,但在区域发展及网络营销发展水平上存在较多的差异,特别是苏北和苏南的差距非常明显,因此选择其作为典型案例进行分析具有一定的代表性。

4.2 研究区域概况

江苏省位于泛长三角的东北部,包含 13 个地级市,如图 4-1 所示。江苏旅游经济发达,是我国的旅游大省,2013 年江苏省接待游客总人次为 5.18 亿人次,同比增长 10.9%,位列全国首位。2013 年江苏省实现旅游总收入 7195 亿元,同比增长 14.1%,位列全国第 2 位。截至 2013 年,江苏省国家 AAAAA 级旅游景区、国家级旅游度假区、旅行社、持证导游总数均为全国第一。五星级饭店、全国百强旅行社、省级旅游度假区总数均为全国第二。金陵饭店股份有限公司、同程网络科技股份有限公司进入全国旅游集团 20 强。游客满意度保持全国前列,苏州市连续三年位居全国第一,无锡市和南京市分列全国第四和第十二位。江苏省十三个地级市旅游发展各有特色,连云港市——山海连云、西游胜境;徐州市——南秀北雄、汉风楚韵;宿迁市——楚风水韵、休闲绿都;淮安市——淮扬名菜香天下、美丽清纯洪泽湖;盐城市——东方湿地、鹤鹿故乡;扬州市——运河名城、精致扬州;泰州市——水天堂、夜游城;南通市——南通江海鲜天下;南京市——人文绿都、博爱名城；镇江市——何处望神州、满眼风光镇江游；苏州市——天堂苏州、东方水城；无锡市——太湖明珠、甜美无锡；常州市——龙城常州俏江南。各具特色的旅游发展使游客进入江苏省后形成了较好的流动。

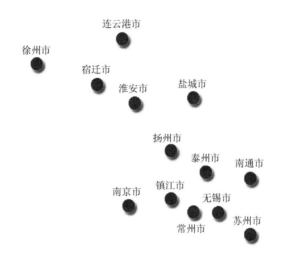

图 4-1　江苏省区域所含地级市

4.3　研究数据来源

　　江苏省在线旅游流规模和流动数据仍然来自于网络在线旅游产品购买信息，统计时间为 2013 年一整年的统计数据。江苏省现实旅游流规模和流动数据来自于 2013 年各市国民经济和社会发展统计公报。

4.4　研　究　方　法

1. 耦合评判模型

　　系统耦合的概念最初来源于物理学，指两个或者两个以上的系统或运动方式之间通过各种相互作用而彼此影响以至协同的现象。后来耦合的概念渗透到生物学、农学、地理学、旅游学等领域。旅游学是交叉学科，受诸多学科的影响。

　　随着《旅游法》的实施，旅游电子商务成为旅游企业和旅游目的地竞争的重要媒体途径。旅游企业和旅游目的地对散客的竞争从网络营销上得以体现，由此网络空间的旅游信息成为研究旅游网络营销的重要资料，反映了旅游企业及旅游目的地营销的效益。在线旅游流与旅游目的地现实旅游流分属于不同的系统，一个为在线营销"网络空间"下产生的旅游流，一个为真实地理空间下的旅游流，但这两个系统之间存在一定的响应关系，甚至能够起到引导和预测作用。《旅游网站访问者行为的时间分布及导引分析》（路紫等，2007）、《国内网站信息流对人流导引作用机理研究综述》（杜丽娟等，2008）等文献指出网络空间信息流对现实旅游流具有导引作用。由此，通过研究在线旅游流与现实旅游流之间的耦合性，能够发现区域旅游网络营销的不足，为区域网络营销提供参考。

2. 耦合度模型

借鉴已有相关研究成果，本书采用变异系数来推导在线旅游流与旅游目的地的现实旅游流规模之间的耦合性。变异系数又称为离散系数，反映两组数据的离散程度。变异系数（CV）的计算公式如下：

$$CV = \frac{\sqrt{\dfrac{1}{N}\sum_{i=1}^{N}(x_i - \bar{x})^2}}{\bar{x}} = \frac{\sqrt{\left(x - \dfrac{x+y}{2}\right)^2 + \left(y - \dfrac{x+y}{2}\right)^2}}{\left(\dfrac{x+y}{2}\right)} = 2\sqrt{1 - \frac{xy}{\left(\dfrac{x+y}{2}\right)^2}} \quad （4\text{-}1）$$

式中，CV 取极小值的充要条件是 $\dfrac{xy}{\left(\dfrac{x+y}{2}\right)^2}$ 取极大值，因此可以推导出耦合度公式为

$$C = \left\{\frac{xy}{\left(\dfrac{x+y}{2}\right)^2}\right\}^k \quad （4\text{-}2）$$

式中，C 为耦合度；k 为调节系数，一般 $2 \leqslant k \leqslant 5$，为了增加区分度，本书取 $k = 2$；x 为在线旅游流规模无量纲化值，取为 0.1～0.9；y 为旅游目的地 "十一黄金周" 旅游流规模无量纲化值，取为 0.1～0.9。从式（4-2）中可以看出，C 的取值在 0～1，值越大，在线旅游流与旅游目的地 10 月现实游客量规模耦合度越高，反之耦合度越低。

3. 耦合协调度模型

耦合度 C 是反映在线旅游流与现实旅游流相吻合的重要指标。然而耦合的情况很多，如低水平的耦合、高水平的耦合。如某地级市 10 月游客量较少，而在线旅游流规模也比较小，则该地级市在线旅游流与旅游目的地 10 月现实游客量的耦合度较高，然而并不代表两者处于最优状态。因此系统在良好耦合的状态下并不代表处于最优的状态，所以引入耦合协调度概念，耦合协调度计算公式为

$$R = \sqrt{C \times P}$$
$$P = \alpha x + \beta y \quad （4\text{-}3）$$

式中，R 为耦合协调度；C 为耦合度；P 为协调发展度；x 为在线旅游流无量纲化值；y 为旅游目的地现实旅游流无量纲化值；α、β 为待定权数，在计算过程中，鉴于旅游产品营销手段的多样性，网络营销仅仅是旅游营销的手段之一，因而取 α 为 0.4，β 为 0.6。

耦合协调度模型与耦合度模型相比，耦合协调度具有更高的稳定性及更广的适用范围，更加适用于在线旅游流与旅游目的地现实旅游流的对比研究。耦合协调度越高，表明网络营销旅游流量与旅游目的地现实旅游流量都较高，也说明两者之间的耦合关系较好，旅游网络营销对现实旅游流的产生具有非常明显的效应和作用。

为了更好地判断在线旅游流与旅游目的地现实旅游流耦合协调度等级，对耦合协调度进行等级划分，划分依据如表 4-1 所示。

表 4-1　耦合协调度等级划分

耦合协调度	协调等级	耦合协调度	协调等级
0.000～0.099	极度失调	0.500～0.599	勉强协调
0.100～0.199	严重失调	0.600～0.699	初级协调
0.200～0.299	中度失调	0.700～0.799	中级协调
0.300～0.399	轻度失调	0.800～0.899	良好协调
0.400～0.499	濒临失调	0.900～1.000	优质协调

4. 优先度模型

（1）旅游网络营销是旅游经济及信息技术发展到一定程度后才出现的一种新兴的网络营销模式，其发展往往滞后于旅游业的发展。

（2）旅游网络营销仅仅是旅游业市场营销的手段之一。旅游网络营销产生的潜在游客量往往少于旅游目的地实际游客量。

（3）耦合度和耦合协调度模型是对网络营销产生的在线旅游流量与旅游目的地现实旅游流量之间的紧密程度和耦合发展水平的衡量，不能体现两者之间的落差关系。优先度是旅游目的地现实旅游流量和网络营销在线旅游流量的比值，是相对于网络营销在线旅游流量而言，旅游地现实旅游流量的超前和滞后程度的度量。具体公式为

$$p = \frac{y}{x} \tag{4-4}$$

式中，p 为优先度；y 为旅游目的地现实旅游流；x 为在线旅游流量。本书认为，当 $p \geqslant 1.1$ 时，旅游目的地现实旅游流量相对超前，在线旅游流量滞后，旅游网络

营销滞后；当 $0.9 \leqslant p \leqslant 1.1$ 时，旅游目的地旅游流量与在线旅游流量相对同步，旅游网络营销水平较高；当 $p<0.9$，旅游目的地旅游流量相对于在线旅游流量滞后，旅游网络营销超前。

4.5　江苏省在线与现实旅游流规模空间结构对比研究

4.5.1　江苏省在线与现实旅游流空间冷热点对比分析

1. 江苏省在线旅游流规模空间结构分析

江苏省在线旅游流规模空间结构分析在本书第 3 章的 3.4.2 节已经进行过详细分析。

2. 江苏省现实旅游流空间结构分析

江苏省现实旅游流规模热点区域（包括热点和次热点）为 6 个，占江苏省 13 个市域的比例为 46.15%；冷点区域（包括冷点和次冷点）为 7 个，占江苏省 13 个市域的比例为 53.85%。总体而言，现实旅游流规模空间结构仍然呈现出苏南强、苏中苏北弱，沪宁线市域上旅游流分布仍然是热点。

3. 江苏省在线与现实旅游流规模空间分布对比分析

（1）江苏省在线与现实旅游流空间分布都表现为沪宁线呈热点，苏中、苏北、沿江呈现冷点；在线旅游流热点区域（5 个）少于现实旅游流热点区域（6 个），在线旅游流落后于现实旅游流。在线旅游流规模空间层次更加鲜明，集聚性更强。

（2）现实旅游流规模冷热点分析显示，南通市为次热点区域。而在线旅游流规模冷热点分析显示，南通市为次冷点区域，由此可见南通市在线网络营销相对滞后。

（3）现实旅游流规模冷热点分析显示，徐州市、连云港市为次冷点区域。而在线旅游流规模冷热点分析显示，徐州市、连云港市为冷点区域。

4.5.2　江苏省在线与现实旅游流规模耦合性分析

在进行耦合性分析前，对江苏省在线旅游流与现实旅游流的规模进行皮尔逊（Pearson）相关性分析，结果如表 4-2 所示，江苏省各市域在线旅游流规模与现实旅游流规模的相关性系数达到 0.881。为了进一步从空间上研究在线与现实旅游流规模的相关性，利用耦合协调模型开展研究。

表 4-2　在线与现实旅游流量相关性分析

		在线旅游流规模	现实旅游流规模
在线旅游流规模	皮尔逊相关系数（Pearson correlation coefficients）	1	0.881**
	显著性检测（test of significance）		0.000
	市域数量（N）	13	13
现实旅游流规模	皮尔逊相关系数（Pearson correlation coefficients）	0.881**	1
	显著性检测（test of significance）	0.000	
	市域数量（N）	13	13

**在 0.01 显著性水平下通过显著性检验（2-tailed）。

在线旅游流和旅游目的地现实旅游流规模的数量级不同，根据耦合协调度模型应将其标准化为 0～1 的数值，以便于进行模型的计算，为避免出现 0 值和 1 值，本书根据改进的极差法对数据进行归一化，使其取值区间在 0.1～0.9，具体公式如下：

$$p_i = 0.1 + \frac{y_i - \min(y_i)}{\max(y_i) - \min(y_i)} \times (0.9 - 0.1) \qquad (4\text{-}5)$$

式中，p_i 为 y_i 指标转换后的无量纲化值；y_i 为实际值；$\max(y_i)$ 为所有地级市客流最大值；$\min(y_i)$ 为该项指标的最小值。

数据经过无量纲化后，计算江苏省 13 个地级市在线旅游流与旅游目的地现实旅游流耦合状况，结果如表 4-3 所示。

表 4-3　江苏省地级市在线与现实旅游流规模耦合协调等级

序号	市域	耦合协调度	耦合度	优先度	耦合协调等级	耦合协调关系
1	南京市	0.924	0.997	0.921	优质协调	相当
2	无锡市	0.845	0.981	0.822	良好协调	在线超前
3	苏州市	0.915	0.988	1.169	优质协调	在线滞后
4	常州市	0.701	0.891	0.617	中级协调	在线超前
5	扬州市	0.530	0.877	1.675	勉强协调	在线滞后
6	镇江市	0.467	0.744	2.180	濒临失调	在线滞后
7	徐州市	0.406	0.716	2.292	濒临失调	在线滞后
8	南通市	0.396	0.824	1.875	轻度失调	在线滞后

续表

序号	市域	耦合协调度	耦合度	优先度	耦合协调等级	耦合协调关系
9	盐城市	0.361	0.894	1.607	轻度失调	在线滞后
10	连云港市	0.363	0.658	2.538	轻度失调	在线滞后
11	淮安市	0.353	0.846	1.790	轻度失调	在线滞后
12	宿迁市	0.316	1.000	1.000	轻度失调	相当
13	泰州市	0.421	0.766	0.478	濒临失调	在线超前

（1）江苏省内 13 个市域，有 5 个市域的在线旅游流与现实旅游流规模处于轻度失调状态，占江苏省内 13 个市域的 38.46%。从优先度来看，这些市域基本上都是在线旅游流相对滞后，连云港市、南通市、淮安市、盐城市表现最为明显，网络营销相对于现实旅游业发展而言比较落后。从区域分布来看，这些市域基本上分布于沿江和徐宿淮旅游圈。

（2）镇江市、徐州市、泰州市的在线旅游流与现实旅游流规模处于濒临失调状态。镇江市、徐州市在线旅游流相对滞后，旅游网络营销比较落后。

镇江市拥有"三山"国家 AAAAA 级旅游景区。2012 年全年实现旅游总收入 452.9 亿元，接待国内外旅游者 3569.2 万人次。而相对于现实旅游业而言，在线旅游营销的产品数量较少，仅有少数酒店产品，且与江苏省内其他市域联合的旅游线路少之又少，从优先度来看，镇江市在线旅游网络营销滞后。徐州市作为江苏苏北的"龙头"，其以汉文化为主体的旅游资源已经有了一定的品牌知名度，"南秀北雄、汉风楚韵"已经为很多旅游者所熟知，再加上徐州市有较多的免费开放型景区，因此旅游业发展较好，但由于其地处经济落后区域，思想观念和网络经济都相对滞后，因此网络营销明显滞后，今后应不断地加强网络营销，发挥旅游网络营销的效应。泰州市地处苏中地区，具有溱湖湿地、溱潼古镇等知名旅游资源，泰州市紧邻苏南地区，在线旅游网络营销相对发达，甚至赶超了现实旅游发展。

（3）扬州市在线旅游流与现实旅游流规模处于勉强协调状态。扬州市 2012 年全市接待境内外旅游人数 3638.49 万人次，实现旅游总收入 435.23 亿元，位列全省第六。扬州市瘦西湖景区为国家 AAAAA 级旅游景区，成为扬州市旅游发展的核心旅游资源。但扬州市在线旅游产品主要集中在与南京市、苏州市、无锡市之间的联合产品，与镇江市、常州市、泰州市等市域的联合旅游产品较少，从优先度来看，扬州市在线旅游网络营销相对滞后。

（4）常州市在线旅游流与现实旅游流规模处于中级协调状态。常州市具有三大主题公园，还有以自然风光为主的天目湖四大核心旅游资源，常州市恐龙园为国家 AAAAA 级旅游景区，2012 年常州市实现旅游总收入 520.34 亿元，旅游接待总人数 4003.84 万人。常州市旅游网络营销比较发达，尤其是三大主题公园的单项不同类型产品众多，旅游者可以实现在线的随意多选择购买，因此总体而言常州市的在线旅游流与现实旅游流规模处于中级协调状态。从优先度来看，常州市的在线旅游网络营销更加超前，这与常州市的三大主题公园的市场化运作模式密切相关。

（5）无锡市在线旅游流与现实旅游流规模处于良好协调状态。无锡市无论从在线旅游流规模还是从现实旅游流规模来看发展都相对较好，是处于较高水平的耦合状况。无锡市与其他城市的联合在线旅游产品较多，且单项旅游产品也较多。从优先度来看，无锡在线网络营销要优先于现实旅游发展，说明网络已经成为城市旅游业发展的引擎和重要营销媒体。

（6）南京市、苏州市在线旅游流与现实旅游流规模处于优质协调状态。南京作为省会城市，在线旅游流与现实旅游流发展基本同步，属于高水平耦合状态。苏州是同程网的总部所在地，旅游网络营销发达，更是省内非常著名的旅游目的地，在线旅游流与现实旅游流属于高水平耦合状态。从优先度来看，苏州市虽然旅游网络营销水平较高，但仍然相对滞后于现实旅游业的发展。

（7）总体而言，耦合协调度分析显示，江苏省内在线旅游流与现实旅游流规模耦合情况大致可分为 6 种类型，分别为优质协调、良好协调、中级协调、勉强协调、濒临失调、轻度失调。且 6 种类型的分布在空间上具有一定的规律性，苏北、沿江大多处于轻度失调状态，苏南、苏中大多为较好或基本协调状态。

4.6　江苏省在线与现实旅游流流动网络空间结构研究

4.6.1　江苏省现实旅游流流动网络构建

1. 现实客流调查基本情况说明

选择江苏省 13 个市域在 2013 年 8 月和 10 月分别在各市进行游客在江苏省内流动情况调查，共发放问卷 4000 份，回收问卷 3780 份，回收率 94.50%。其中有效问卷 3492 份，有效率 92.38%。发放问卷的地点主要位于江苏省 13 个市域的国家 AAAAA 和 AAAA 级旅游景区，因为国家 AAAAA 和 AAAA 级旅游景区客源相对广泛，能够更真实地反映情况，每个市域依据客源的情况发放 100～400 份问卷，调查具体情况如表 4-4 所示。

表 4-4 江苏省各市客源调查情况一览表

调查市域	调查地点	有效问卷	客源地域分布		所占比例/%
			客源地	问卷数	
南京市	中山陵（AAAAA）	261	江苏省	113	43.30
	夫子庙（AAAAA）		其他	148	56.70
无锡市	灵山大佛（AAAAA）	388	江苏省	108	27.84
	三国城（AAAAA）		其他	280	72.16
徐州市	云龙湖风景区（AAAA）	238	江苏省	103	43.28
	龟山汉墓（AAAA）		其他	135	56.72
常州市	中华恐龙园（AAAAA）	253	江苏省	127	50.20
	春秋淹城（AAAA）		其他	126	49.80
苏州市	拙政园（AAAAA）	328	江苏省	102	31.10
	周庄（AAAAA）		其他	226	68.90
南通市	濠河风景区（AAAAA）	304	江苏省	170	55.92
	狼山风景名胜区（AAAA）		其他	134	44.08
连云港市	花果山（AAAA）	327	江苏省	138	42.20
	连岛海滨浴场（AAAA）		其他	189	57.80
淮安市	周恩来纪念馆（AAAA）	284	江苏省	77	27.11
	漕运博物馆（AAAA）		其他	207	72.89
盐城市	麋鹿国家级自然保护区（AAAA）	116	江苏省	80	68.97
	盐城大纵湖（AAAA）		其他	36	31.03
扬州市	瘦西湖风景区（AAAAA）	340	江苏省	90	26.47
	个园（AAAA）		其他	250	73.53
镇江市	金山寺（AAAAA）	206	江苏省	90	43.69
	镇江博物馆（AAAA）		其他	116	56.31
泰州市	溱湖国家湿地公园（AAAAA）	238	江苏省	102	42.86
	溱潼古镇（AAAA）		其他	136	57.14
宿迁市	雪枫公园（AAAA）	209	江苏省	183	87.56
	项王故里（创AAAA）		其他	26	12.44

对 13 个市的客源调查结果显示（图 4-2），宿迁市、盐城市、南通市、常州市江苏省内客源比例超过 50%，苏州市、无锡市、淮安市、扬州市省内客源比例基本都是 30% 左右，苏州市、无锡市、扬州市旅游业发达，客源市场结构较广，不仅局限于省内客源，省外客源也比较丰富（表 4-5）。

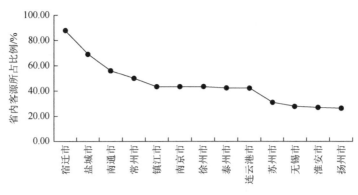

图 4-2　江苏省各市域省内客源比例

表 4-5　样本基本情况

项目		比例/%
客源来源	江苏省内	41.1
	江苏省外	58.9
文化程度	大专及以下	40.8
	本科	40.2
	研究生及以上	19.0
月收入	3000 元及以下	26.5
	3001～5000 元	32.1
	5001～10000 元	21.5
	10000 元以上	19.9
职业	公务员	8.0
	企事业单位人员	14.8
	专业文教技术人员	13.1
	服务销售商贸人员	8.0
	农民	2.0
	学生	26.7
	离退休人员	1.4
	其他	26.0

2. 基于问卷建立江苏省现实客流矩阵

基于江苏省各市域现实旅游流空间分布，建立现实客流矩阵。在旅游网络中将市视作旅游节点，因此市内视为不存在旅游流流动，全部归 0。根据上述思路建立了江苏省内各市域现实旅游流流向矩阵（表 4-6）。

表 4-6　江苏省内各市域现实旅游流流向矩阵

城市	南京市	无锡市	徐州市	常州市	苏州市	南通市	连云港市	淮安市	盐城市	扬州市	镇江市	泰州市	宿迁市
南京市	0	22	13	16	22	27	8	13	16	10	14	16	32
无锡市	1	0	4	14	4	7	2	0	1	2	1	1	4
徐州市	10	13	0	5	6	0	9	7	8	6	4	4	15
常州市	3	1	4	0	2	0	3	3	0	1	1	0	3
苏州市	7	6	10	9	0	12	4	0	0	2	10	0	8
南通市	1	0	0	15	0	0	3	1	1	5	7	12	2
连云港市	2	2	3	6	3	7	0	8	6	0	7	2	5
淮安市	0	2	0	4	2	12	9	0	8	1	5	0	1
盐城市	6	13	2	9	1	13	7	13	0	5	6	13	2
扬州市	15	4	0	10	0	18	2	5	1	0	9	4	0
镇江市	3	0	4	6	1	11	4	1	2	2	0	5	0
泰州市	9	8	4	8	8	2	2	1	1	5	7	0	0
宿迁市	1	0	15	3	14	0	16	0	7	8	0	0	0

为了方便与在线购买旅游流网络结构进行比较分析，取 0 为断点值，将矩阵转化为 0-1 二分矩阵（表 4-7），然后根据 0-1 二分矩阵，绘制网络图。

表 4-7　江苏省现实旅游流流向矩阵 0-1 标准化值

城市	南京市	无锡市	徐州市	常州市	苏州市	南通市	连云港市	淮安市	盐城市	扬州市	镇江市	泰州市	宿迁市
南京市	0	1	1	1	1	1	1	1	1	1	1	1	1
无锡市	1	0	1	1	1	1	1	0	1	1	1	1	1
徐州市	1	1	0	1	1	0	1	1	1	1	1	1	1
常州市	1	0	1	0	1	0	1	1	0	1	1	0	1
苏州市	1	1	1	1	0	1	1	0	0	1	1	0	1
南通市	1	0	0	1	0	0	1	1	1	1	1	1	1
连云港市	1	1	1	1	1	1	0	1	1	0	1	1	1
淮安市	0	1	0	1	1	1	1	0	1	1	1	0	1
盐城市	1	1	1	1	1	1	1	1	0	1	1	1	1
扬州市	1	1	0	1	0	1	1	1	1	0	1	1	0
镇江市	1	0	1	1	1	1	1	1	1	1	0	1	0
泰州市	1	1	1	1	1	1	1	1	1	1	1	0	0
宿迁市	1	0	1	1	1	0	1	0	1	1	0	0	0

4.6.2　江苏省在线旅游流与现实旅游流流动网络结构对比分析

1. QAP 相关分析

QAP 指的是二次迭代分配程序，这是一种对两个（或者多个）方阵中对应的各个元素值进行比较的方法，通过比较各个方阵对应的格值，给出两个矩阵之间的相关系数，同时对系数进行非参数检验，以对矩阵数据的置换为基础，可以对 1-mode 的 $N \times N$ 矩阵进行回归和相关分析。QAP 相关算法是计算两个 1-mode $N \times N$ 网络矩阵的皮尔逊相关系数。基于关系数据的网络数据的分析，运用 QAP 相关算法相对最小二乘法较有优势。运用 UCINET 软件，进行 Tools—Testing Hypotheses—Dyadic（QAP）—QAP（Correlation）操作，得到以 0 为断点值的江苏省在线旅游流网络与现实旅游流网络正相关，皮尔逊相关系数达到 0.186，并且相关在统计的意义上是显著的。说明江苏省在线旅游流网络与现实旅游流具有一定的相关性，由于相关系数不高，因此又具有一定的差异性，说明网络营销在江苏省市域内正处于发展阶段，它仍然只是营销的一种普通手段，而没有成为各市域非常重要的手段，从后续分析看来，尤其还未成为江苏省旅游业和旅游经济发展落后地区的重要营销手段。

2. 网络密度对比分析

网络密度反映网络中各旅游节点之间关系的紧密程度。网络密度越大，则说明旅游地之间联系越紧密，通过密度指标可以考察现实旅游流网络密度与在线旅游流网络密度的交互情况。通过 UCINET 密度分析显示江苏省现实旅游流网络密度为 0.846，标准差为 0.361；在线旅游流网络密度为 0.378，标准差为 0.485。江苏省现实旅游流网络密度明显大于在线旅游流网络密度，表明网络营销所形成的在线旅游流仍然只是现实旅游流形成的要素之一。网络在旅游中所发挥的作用还远远跟不上江苏省现实旅游业的发展。现实旅游流网络密度标准差小于在线旅游流网络密度标准差，说明现实旅游流网络相比较在线旅游流网络，其发育程度要更高，整体发育水平良好。

3. 网络中心势

对在线与现实两个旅游流网络进行中心势分析，在线旅游流网络程度中心势（37.12%）和中间中心势（16.49%）都明显高于现实旅游流网络（4.55%、0.95%），说明在线旅游流较现实旅游流网络具有明显的中心化集中趋向。

4. 中心性分析

为了更好地探析江苏省在线旅游流网络结构与现实旅游流网络结构的差异

性,通过网络对比,将现实旅游流网络的断点值选为 0.1,建立现实旅游流网络结构图,并对在线与现实两个旅游流网络进行点的中心性和网络中心势分析,分别选择程度中心性、接近中心性、中间中心性 3 个指标比较两个网络的特征(表 4-8)。

表 4-8　江苏省在线旅游流网络与现实旅游流网络中心性分析

序号	市域	内外向程度中心性		内外向接近中心性		程度中心性	中间中心性	接近中心性
		外向	内向	外向	内向			
1	南京市	7.000	9.000	9.000	10.500	9.000	28.017	28.000
		7.000	*8.000*	*7.000*	*10.000*	*10.000*	*31.667*	*27.000*
2	无锡市	7.000	8.000	9.000	10.000	9.000	14.983	28.000
		2.000	*6.000*	*4.333*	*8.667*	*7.000*	*1.000*	*30.000*
3	徐州市	6.000	5.000	8.500	8.333	6.000	13.450	31.000
		4.000	*3.000*	*5.500*	*7.167*	*5.000*	*1.167*	*32.000*
4	常州市	8.000	8.000	9.500	10.000	8.000	25.017	29.000
		1.000	*12.000*	*4.000*	*12.000*	*12.000*	*9.167*	*25.000*
5	苏州市	6.000	7.000	8.500	9.500	7.000	4.517	30.000
		6.000	*6.000*	*6.500*	*8.667*	*9.000*	*10.333*	*28.000*
6	南通市	2.000	2.000	6.167	6.500	2.000	0.000	37.000
		2.000	*6.000*	*3.833*	*9.000*	*7.000*	*1.500*	*30.000*
7	连云港市	7.000	6.000	9.000	9.000	8.000	11.400	29.000
		4.000	*0.000*	*6.000*	*0.000*	*4.000*	*0.000*	*33.000*
8	淮安市	2.000	1.000	6.167	5.833	2.000	0.000	38.000
		2.000	*0.000*	*4.333*	*0.000*	*2.000*	*0.000*	*35.000*
9	盐城市	1.000	0.000	5.833	0.000	1.000	0.000	39.000
		4.000	*1.000*	*5.500*	*5.833*	*4.000*	*0.000*	*33.000*
10	扬州市	6.000	7.000	8.500	9.333	7.000	5.617	30.000
		5.000	*0.000*	*6.500*	*0.000*	*5.000*	*0.000*	*32.000*
11	镇江市	3.000	3.000	6.500	7.167	4.000	0.000	35.000
		3.000	*6.000*	*5.000*	*9.000*	*7.000*	*3.167*	*30.000*
12	泰州市	3.000	1.000	6.667	6.000	3.000	0.000	36.000
		5.000	*0.000*	*6.500*	*0.000*	*5.000*	*0.000*	*32.000*
13	宿迁市	1.000	2.000	5.167	6.333	2.000	0.000	39.000
		3.000	*0.000*	*5.333*	*0.000*	*3.000*	*0.000*	*34.000*

序号	市域	内外向程度中心性		内外向接近中心性		程度中心性	中间中心性	接近中心性
		外向	内向	外向	内向			
平均值		4.538	4.538	7.577	7.577	5.231	7.923	33.000
		3.692	*3.692*	*5.410*	*5.410*	*6.154*	*4.462*	*30.846*
标准差		2.469	3.028	1.445	2.710	2.860	9.535	4.206
		1.682	*3.770*	*1.016*	*4.481*	*2.769*	*8.546*	*2.769*

注：斜体加粗为现实旅游流网络中心性指标。

（1）江苏省在线旅游流网络中，13 个市域中平均每个市域与 5.231 个市域存在着旅游流的流动关系，说明江苏省在线旅游流网络联系不强。此外，平均每个市域在网络中充当旅游流中介者的次数为 7.923。江苏省现实旅游流网络中，13 个市域中平均每个市域与 6.154 个市域存在着旅游流的流动关系，平均每个市域在网络中充当旅游流中介者的次数为 4.462，从现实流网络来看，江苏省现实旅游流网络联系一般，但要优于网络营销旅游流在线网络。

（2）从标准差来看，现实旅游流网络程度中心性和中间中心性的标准差都小于在线旅游流网络程度中心性和中间中心性的标准差，说明网络营销在线旅游流结构集中性更加鲜明，而现实旅游流网络发育相对较好。

（3）在线旅游流网络中，程度中心性排在前五的城市见表 4-9，现实与在线旅游流网络中心性分析所产生的中心性城市有一定的重叠，在线旅游流网络程度中心性前 5 个城市与现实旅游流网络程度中心性排名前 5 个城市中有 4 个城市重叠。在线旅游流网络中间中心性前 5 个城市与现实旅游流网络中心性前 5 个城市中有 2 个城市重叠。在线旅游流网络接近中心性前 5 个城市与现实旅游流网络中心性前 5 个城市有 4 个城市重叠。以上重叠数据说明在线旅游流网络与现实旅游流网络具有一定的相关性和映射性，在线旅游流网络在一定程度上能够代表现实旅游流网络，随着网络的发展和游客消费习惯的改变，在线旅游流未来或许会成为预测现实旅游流流向的重要手段。但是从表 4-9 中也可以看出，这种映射也带有一定的错位性，说明现实与网络在线旅游流不完全吻合，主要是因为每一个城市网络营销的水平存在差异。

表 4-9　江苏省在线与现实旅游流网络中心性排名对比分析

在线旅游流网络中心性城市排名			现实旅游流网络中心性城市排名		
程度中心性	中间中心性	接近中心性	程度中心性	中间中心性	接近中心性
南京市	南京市	盐城市	常州市	南京市	淮安市
无锡市	常州市	宿迁市	南京市	苏州市	宿迁市

续表

在线旅游流网络中心性城市排名			现实旅游流网络中心性城市排名		
程度中心性	中间中心性	接近中心性	程度中心性	中间中心性	接近中心性
常州市	无锡市	淮安市	苏州市	常州市	连云港市
连云港市	徐州市	南通市	无锡市	镇江市	盐城市
苏州市	连云港市	泰州市	南通市	南通市	徐州市

（4）基于中心性分析结果可以发现在线旅游流网络与现实旅游流网络中各城市在旅游流网络中的地位和角色的相似性和相异性。比较两个网络，可以进一步对城市的地位和角色进行划分，可将江苏省 13 个市域分为两种类型（表 4-10）。

表 4-10　江苏省各市域在网络中的特征

序号	市域	在线旅游流网络中市域特征	现实旅游流网络中市域特征
1	南京市	核心，重要旅游目的地	核心，重要旅游目的地
2	无锡市	核心，重要旅游目的地	旅游目的地
3	徐州市	一般旅游客源、目的地	一般旅游客源、目的地
4	常州市	核心，重要旅游客源地、重要旅游目的地	核心，重要旅游通道、重要旅游目的地
5	苏州市	核心，重要旅游目的地	核心，重要旅游目的地
6	南通市	边缘	旅游目的地
7	连云港市	核心，重要旅游通道	客源地
8	淮安市	边缘	边缘
9	盐城市	边缘	客源地
10	扬州市	核心，重要旅游客源地、目的地	客源地
11	镇江市	边缘	旅游目的地
12	泰州市	边缘	客源地
13	宿迁市	边缘	客源地

1）地位角色相当型

南京市、苏州市在营销在线旅游流网络和现实旅游流网络中的地位角色相当，都是非常重要的旅游核心，是非常重要的集散门户，充当着客源地和旅游目的地的双重角色。在网络营销和现实旅游中应该在两个城市建立集散中心，使游客能够在集散中心获得更多的旅游信息，包括网络信息、移动信息，如常州嬉戏谷就在南京设立自己的旅游集散中心，以方便省内客源的流动。

徐州市在营销在线旅游流网络和现实旅游流网络中的地位角色相当，都是一般的旅游客源地和目的地，苏北"龙头"的角色未显现。从第 3 章的研究来看，徐州市的现实旅游流量要优于网络营销旅游流量,但其地位在两个网络中都相当,所以应加快徐州市网络营销和现实旅游业的发展。徐州市旅游资源非常多,但高级别品牌级旅游资源较少,截至 2012 年徐州市国家 AAAAA 级旅游景区数量为 0,且传统的区位优势也发生转移,因此现实旅游发展还有待提升,促进旅游资源品牌化才能吸引更多的客流。在网络营销方面,徐州市仅与去哪儿网、携程旅行网、欣欣旅游网实现了合作,而且线路购买量低,线路中两个节点的线路较多。因此,应拓宽合作网站,如可加大与南京市的本地旅游网站——途牛旅游网合作,并且设计多节点、多类型线路产品,以不断满足市场需求。

　　淮安市在两个网络中的地位和角色相当,都处于边缘,无论是网络营销还是现实旅游发展都需要加强。相比徐州市而言,淮安市不管网络和现实都更落后于徐州市,由于徐宿淮旅游圈的核心城市核心功能不强,因此对周边的落后地区旅游业发展带动作用也非常有限。淮安市截至 2012 年国家 AAAAA 级旅游景区数量为 0,旅游资源优势不明显。同时,在网络营销方面,淮安旅游与网站的合作也非常有限,仅在去哪儿网、欣欣旅游网、携程旅行网上有自己的产品,虽然产品实现了与上海市、南京市等的连接,但产品的购买量非常低,说明产品缺乏吸引力,旅游资源的价值不受市场认可,因此,策划具有创新性的产品以紧跟市场需求,深度挖掘旅游资源的内涵非常重要。

　　2)地位角色错位型

　　无锡市在线旅游网络中通道作用表现突出,核心地位显著,是网络营销旅游线路中的重要环节。而在现实网络中,其旅游目的地角色更加凸显。因此,在旅游网络营销中,为了适应现实旅游流的需求,无锡市可适当增加单点线路网络营销,如无锡一日游、无锡二日游,与无锡市现实中重要旅游目的地角色相称。同时,在现实旅游发展中,无锡市应加大与其他城市的进一步合作,将城市不仅发展成为旅游目的地,而且发展为非常重要的旅游通道,起到非常重要的中介作用,从而获得更多的竞争优势。

　　常州市在线旅游流表现非常突出,成为旅游线路中的重要通道、重要旅游目的地和客源地。常州旅游以三大主题公园为特色,主题公园非常关注营销,再加上主题公园的市场运作模式使得网络营销成为非常重要的工作。以团购、折扣等形式的不同年龄、不同组合的门票线路营销受到市场的普遍欢迎。江苏省现实旅游流网络中,常州市的地位和角色更加突出,可能是由于问卷调查的时间集中在 8 月和 10 月,8 月是主题公园的火热季节,学生暑假引发游玩主题公园的热潮,10 月也是旅游的黄金季节,天气凉爽正是游玩主题公园的好时候。因此常州市在江苏省现实旅游流网络结构中的地位和角色比在江苏省在线旅游流网络结构中更加突出。所以常州市可进一步加强网络营销产品,特别是暑期档和黄金十月档。

南通市、镇江市在营销在线旅游流网络中充当着边缘的角色,接近中心性高达 37、35。而在现实旅游流网络中充当着一个小型旅游目的地的角色,南通市内向程度中心性为 6,外向程度中心性为 2;镇江市内向程度中心性为 6,外向程度中心性为 3。由此可见,南通市、镇江市的网络营销还有待加强。一方面应积极地与江苏省其他市域进行线路连接,提高自身在江苏省的网络营销地位,同时也是对现实旅游流需求的满足;另一方面也要加大该市的单节点旅游网络营销,从而满足市场的需求。

连云港市在营销在线旅游流网络中表现较好,成了江苏省旅游线路连接中的重要节点和通道。连云港市凭借独特的山水资源和西游文化资源与南京市开展合作获得了较大的在线购买量。此外连云港市也积极地实现与上海市的连接,市场购买量也较大。比较而言,现实旅游流网络中连云港更多的是充当一个小型的客源地,旅游通道和旅游目的地的角色未显现。因此在现实中,连云港市应加大自身的旅游资源建设和其他媒体的宣传,提高自身的现实综合竞争力。

盐城市、泰州市、宿迁市在营销网络中都处于边缘角色,在现实网络中更多的是充当小型客源地的角色,因此,无论是从网络营销视角还是现实旅游发展都有待加强,可通过网络带动市域角色的转型。盐城市、泰州市虽然合作网络较多,但是产品购买量低,说明产品吸引力较弱。盐城市生态资源独一无二,本应该是未来重要旅游城市的后花园和休闲地,但旅游开发落后,品牌旅游产品较少,还未形成市场吸引力。泰州市有重量级旅游资源——溱湖湿地,但未很好地实现线路连接,市场吸引力也较弱,旅游资源品牌还要不断提升。

5. 核心-边缘分析

1)江苏省在线旅游流网络核心-边缘分析

江苏省在线旅游流网络核心-边缘分析在第 3 章 3.5.3 节中已详细分析,在此不再赘述。

2)江苏省现实旅游流网络核心-边缘分析

对现实旅游流网络进行核心-边缘分析,结果显示:核心成员有 7 个,分别是南京市、无锡市、徐州市、常州市、苏州市、南通市、镇江市,核心成员基本上分布于苏南和苏中。从区域分布来看,核心成员大多位于南部及中部区域,反映出江苏省内现实旅游流仍然存在南重北轻的格局。分别是苏锡常旅游圈、宁镇扬旅游圈,而苏北唯有徐州市还在核心成员之内,所谓的徐宿淮旅游圈还远未形成。

表4-11 显示相对于在线旅游流网络结构而言,现实旅游流网络结构更加优越。核心成员核心度南京市最高,为 0.476,南京市的核心度优势明显。其次为苏州市,核心度为 0.395。

表 4-11　江苏省现实旅游流网络成员核心度

市域	核心度	市域	核心度	市域	核心度	市域	核心度	市域	核心度
南京市	0.476	徐州市	0.321	苏州市	0.395	镇江市	0.178	宿迁市	0.225
无锡市	0.135	常州市	0.123	南通市	0.077	盐城市	0.217		
连云港市	0.337	扬州市	0.272	淮安市	0.051	泰州市	0.394		

注：均值为 0.246；标准差为 0.128；最小为 0.051；最大为 0.476。

表 4-12 显示核心成员之间网络密度较高，为 0.571。相对于在线旅游流网络密度而言，核心成员相对较为松散。边缘网络对核心网络的依赖程度达到 0.548，边缘与核心形成较好的联系。由此可见现实江苏省旅游流流动范围广，网络结构相对均衡，没有出现过度的集聚化，核心成员的扩散效应显著。

表 4-12　江苏省现实旅游流网络核心-边缘密度矩阵

	核心	边缘
核心	0.571	0.024
边缘	0.548	0.000

核心-边缘分析显示网络边缘成员有 6 个，分别为连云港市、淮安市、盐城市、扬州市、泰州市、宿迁市。边缘成员网络对核心成员网络的依赖程度较高，为 0.548。此外南通市、淮安市核心度都非常低，旅游发展落后，旅游流流动较少。

3）对比分析

（1）结构分层差异，网络发育程度有差异。

在线旅游流网络与现实旅游流网络核心成员数据相同，都为 7 个。从网络密度来看，在线旅游流网络结构分层更加明显，网络集聚功能显著；现实旅游流网络结构扩散效应相对较高；按照美国区域学家约翰·弗里德曼的区域空间结构演变理论，营销在线旅游流网络还处于初级发展阶段，出现了营销增长极，但对周边的带动作用还比较弱。相对而言，现实旅游流网络结构相对均衡，边缘对核心具有明显的依赖性，核心具有明显的扩散效应，旅游流流动范围较广，整个区域旅游呈现较好发展态势。

（2）核心成员分布广泛，但南强北弱的格局很难改变。

在线旅游流与现实旅游流网络中核心成员分布广泛，江苏南部、中部、北部都有市域在核心成员范围之内，这十分有利于江苏省内在线与现实旅游流的发展。但是短时间内，南强北弱的格局很难改变，需要加大对徐州市、连云港市旅游的培育和网络营销的培育。

（3）"苏锡常宁徐"成稳定核心成员。

南京市、无锡市、徐州市、苏州市、常州市5个市域在两个网络结构中都处于核心成员，而连云港市、扬州市两个市域在营销网络中处于核心，在现实网络中则被南通市、镇江市所取代。说明在网络和旅游企业线路推广中，连云港市、扬州市是非常重要的节点，而在现实旅游发展中，两者的竞争力还有待加强。与之相反，南通市、镇江市的网络营销还有待加强。

（4）两个网络中核心度最高的两个市域完全不同。

营销在线旅游流网络中，常州市、连云港市核心度最高，现实旅游流网络中南京市、苏州市核心度最高。一方面说明常州市、连云港市网络营销相对较好，特别是在网络线路推广中，既是非常重要的旅游目的地又是非常重要的客源地，旅游通道作用也非常明显；另一方面也说明南京市、苏州市等旅游发展城市的网络营销还有进一步提升的空间，不能因为是品牌旅游地而减少网络营销渠道。

4.7 本章小结

江苏省旅游业发达，在线旅游网络营销也相对走在全国前列，苏州市的同程网、南京市的途牛旅游网都说明江苏省在旅游电子商务发展过程中居于领先地位。选择江苏省作为典型案例对比分析在线与现实旅游流网络结构，在一定程度上能够发现现实与在线旅游流网络结构之间关系的有益结论。本章选取江苏省作为典型研究区域，尝试性地研究在线与现实旅游流结构之间的关系，从而为现实旅游业及在线网络营销提供一定的建议。在线与现实旅游流结构对比研究中，尝试性地运用相关性分析、耦合分析及QAP相关分析，得出了以下内容。

（1）从冷热点分析来看，江苏省在线与现实旅游流规模沪宁线呈现热点，苏中、苏北呈现冷点，点轴式空间结构异常明显；江苏省内在线旅游流规模集聚性更强，层次更加鲜明。

（2）从耦合定量研究来看，江苏省在线与现实旅游流规模耦合类型在空间分布上具有一定的规律性，苏北、沿江大多处于轻度失调状态，苏南、苏中大多为较好或基本协调状态。苏北、沿江失调的主要原因是在线营销相对滞后，因此加强苏北、沿江在线网络营销十分重要，不仅要使网络营销引发的在线旅游流规模与现实旅游流规模相当，还要让网络营销成为带动现实旅游流发展的引擎，从而带动落后地区的旅游业发展。

（3）从网络密度来看，江苏省在线旅游流网络与现实旅游流网络密度相差较大，在线旅游流网络密度明显低于现实旅游流网络密度。江苏省在线旅游流网络营销还有很大的提升空间。

（4）从 QAP 相关性分析来看，江苏省在线旅游流网络与现实旅游流网络 QAP 相关性较低，虽然相关性较低，但相关性仍然是显著的，说明在线与现实网络之间的相似性和相异性。根据中心性分析，两大网络中各城市地位的角色较为相像且有一定的映射性，但网络发育程度有明显的差别。江苏省在线旅游流网络正处于集聚发展阶段，而现实旅游流网络更多地倾向于链式发展阶段，在线旅游网络营销对于落后地区而言仍然任重道远。

（5）从中心性分析来看，可将江苏省 13 个市域划分为地位角色相当型城市和地位角色错位型城市，南京市、苏州市、徐州市、淮安市在两大网络中的地位角色相当，但 4 个城市可以进一步划分，徐州市、淮安市实际上属于落后的耦合。无锡市、常州市两个市域在线旅游网络营销有待进一步增强才能与其日益发展的现实旅游业相配。南通市、镇江市近几年旅游业也得到了快速发展，而在线营销还未跟上。连云港市的现实旅游业还有待进一步提高，盐城市、泰州市、宿迁市无论从在线营销还是现实旅游业宣传上都需要下功夫。

（6）从核心-边缘分析来看，两个网络核心度较高的城市仍然主要位于苏中、苏南地区。苏北地区在线旅游流网络中，徐州市、连云港市发展势头正在慢慢显现。因此不论是在线还是现实旅游业发展，江苏省可以重点扶持徐州市、连云港市，加大苏北地区核心成员的培养，从而带动落后地区旅游业的发展。

（7）江苏省现实旅游流流动范围广，网络结构相对均衡，没有出现过度的集聚化，核心成员的扩散效应显著。核心层对边缘层形成较好的带动作用，现实旅游流网络的发育程度明显优于在线旅游流网络的发育。江苏省网络营销在线旅游流网络存在明显的结构分层，核心成员之间联系紧密，但对边缘层的市域带动作用还不够强，如何进一步提升核心成员的核心度及促进边缘市域与核心成员的互动是江苏省在线旅游网络营销关注的重点。一方面进一步扶持核心城市的在线营销，另一方面积极采取有效政策促使企业对旅游线路进行创新，特别是形成冷热城市的线路搭配，促进旅游业发达地区与落后地区的线路互动。

本章虽然以江苏省为典型案例开展在线与现实旅游流网络的对比研究，也发现了一些有益结论，但研究还有许多不足之处，主要体现在如下几个方面。

（1）本章只选择了典型案例江苏省进行在线旅游流网络与现实旅游流网络的对比研究。虽然江苏省域比较典型，但每个省及整个泛长三角由于区域背景和实际情况不一样，江苏省的在线旅游流网络与现实旅游流网络的比较结果还不能完全代表整个泛长三角的实际情况，在今后时间和人力充足的情况下，可大范围地对泛长三角开展旅游流流动调查。

（2）本章关于江苏省在线旅游流与现实旅游流网络结构的对比分析，定量研究方法单一，更多采用对比分析、归纳总结的方法开展研究。关于结构的对比分析是否还有更好的定量方法还有待进一步探索。虽然近几年的社会学网络分析法中的 QAP 相关分析能够实现两个矩阵相关性的研究，但这远远不够，因此探索网络结构的对比定量研究方法是今后作者进一步关注的重点。

（3）江苏省现实旅游流的数据采集时间主要集中在 8 月和 10 月，在线旅游流的数据采集时间主要为 9 月，从以往研究来看，网络流转化为现实流具有一定的时间滞后性，但是没有具体到到底滞后多长时间，在研究中人为认为 9 月的在线流往往会在 11 月出游，主要原因是在统计在线旅游产品的过程中，发现旅游线路产品的有效期往往在 1～2 个月，此外在线游客也比较倾向于有效期比较长的旅游产品，有效期的长短成为游客购买旅游产品的影响因素，因此对于有效期在半个月左右的产品往往购买量相对较少。但是无论如何，将 9 月在线旅游流与 10 月现实旅游流网络作比较严谨性还不够，需要进一步精确化。

第5章 在线旅游流网络结构动力机制研究

5.1 本 章 概 述

本章主要研究在线旅游流形成的动力机制，关于现实旅游流形成的动力机制已经有较为成熟的研究结论，但是对于在线旅游流形成的动力机制还少有研究。因此本章的研究重点是在线旅游流结构形成的动力机制，兼论江苏省在线旅游流与现实旅游流结构差异的动力机制研究。

（1）关于在线旅游流结构形成动力机制的思考。由于在线旅游流结构的研究主要从流量和流向的角度审视结构，因此泛长三角在线旅游流结构形成动力机制最终可以落脚到：为什么在地域空间上在线旅游流的流量会产生差异？为什么在地域空间上在线旅游流会有不同的选择流向？由于在线旅游流最终要体现在现实旅游流流动上，因此以往学者关于现实旅游流流动的动力机制可以作为在线旅游流动力机制研究的基础。同时由于在线旅游流具有特殊性，它与现实旅游流产生的动力机制具有差异性，最明显的就是在线旅游流受到了网络信息的引导，因此在线旅游流结构形成的动力机制可在现实旅游流动力机制研究的基础上进一步梳理和扩充。

（2）关于在线旅游流结构与现实旅游流网络结构动力机制差异的思考。在线旅游流空间结构与现实旅游流空间结构之所以出现差异，是因为在线旅游流与现实旅游流的产生和流动的动因有所差异，然而研究面临的最大问题就是旅游流结构与动因如何建立一种关系，旅游流产生的动力机制与旅游流结构产生的动力机制的研究方法理应有所不同，因此建立一种结构强相关性的研究方法很重要，在本章中主要运用数理学中的相关性分析及社会学网络分析法中的 QAP 相关性分析法。通过相关性分析，从系统动力学的角度判断动力机制的主次动力，辨析现实与在线旅游流网络结构动因的相异点。

5.2 在线旅游流动力机制模型构建

5.2.1 构建理论思考

旅游流研究受到很多学者的关注，众学者试图发现足够有说服力的理论来解释旅游流的产生，最典型的理论如"推拉理论"、"空间相互作用理论"、"需求理论"及"竞争力理论"等。"推拉理论"认为，推力即旅游者自身需求及旅游者所在地的社会、经济、环境状况，而拉力则是指旅游目的地的旅游资源、旅游基础设施、旅游产品、旅游业发展水平等能够吸引旅游者前往的吸引物。"空间相互作用理论"则认为，推力和拉力的大小会受到空间阻力的影响，进而可能产生减弱。这种阻力表现在空间距离、经济距离、时间距离等方面。"需求理论"更加强化了推拉理论中的推力，强调旅游者的偏好、消费行为等决定了旅游者的趋向。还有的学者提出了"竞争力理论"，强调旅游目的地的比较优势决定了旅游者的选择，实际上竞争力理论就是从推拉理论中的拉力因素来考虑的。由此看来，推拉理论能够有效地成为旅游流产生的理论解释，基于推拉理论可以构建影响旅游流产生的动力模型。

5.2.2　动力模型构建及模型因素的选择

以"推拉理论"为理论基础，建立在线旅游流产生和流动的动力机制模型，在模型的基础上进一步确定各项影响指标。以往学者对现实旅游流产生的推力、拉力、阻力因素指标有过全面而又激烈的讨论，对推力、拉力、阻力影响因素有很多共同的认识，表 5-1 列出了国内外学者对推力、拉力、阻力因素指标的探讨。

表 5-1　以推拉理论为支撑的推力、拉力、阻力因素指标探讨

因素	研究作者	因素
拉力因素	Jie 和 Jensen（2007）、Crouch 和 Ritchie（1999）、Geyikdagi（1995）	旅游产品、资源禀赋、技术、基础设施、旅行社、饭店连锁店、住宿设施、交通设施
	Prideaux（2000）、Buhalis（2000）、Murphy 等（2000）	交通、质量、资源、目的地环境、基础设施和价值
	宋家增（1996）、于英士（1994）、张广瑞（1994）、邓明艳（2000a）、杨兴柱等（2011）	旅游吸引物、基础设施、旅游服务、旅游形象宣传、旅游环境、区位特征
	保继刚和龙江智（2005）	资源因素、区域因素、经济因素
	刘法建（2010）	旅游资源条件、区域经济发展水平、旅游服务设施、交通便捷度、对外联系度、区位因素等
阻力因素	吴晋峰和包浩生（2005）、保继刚（1992）	距离、旅游成本、价格
推力因素	Carr（2001）、Prideaux（2005）、Benedict 等（1995）、Eymann 和 Ronning（1997）、Yongkun 和 Mcavoy（2004）、毛端谦等（2005）	旅游者动机、体验、目的地选择、文化差异、年龄、职业、性别、家庭结构

表 5-1 反映了旅游流产生、流动的主要动因，旅游流的流动是在推力、拉力、阻力因素的共同作用下形成的，以往学者的研究成果可以为本书在线旅游流规模及流向的动力机制研究提供借鉴。本书中所研究的旅游流有其特殊性，它是在线

购买旅游产品所产生的旅游流，这种旅游流的产生不仅受到一般旅游流形成的影响因素的影响，还受到在线旅游产品信息的影响，它与网络营销密切相关，产生的动力机制更为复杂。

本书在前人研究的基础上，对旅游流的流动因素进行梳理，同时考虑在线旅游流的特殊性，在以往研究的基础上基于推拉理论对影响因素和动力机制进行再丰富，加入了网络营销等影响因素，基于德尔菲法，借助知名专家对影响因素进行筛选，从而构建在线旅游流产生和流动动力模型与指标。

图 5-1 为在线旅游流流动的动力机制模型，该模型认为旅游者的市场偏好、旅游者的个人特征及旅游者所在的环境因素构成了旅游者流动的主要推力因素，而旅游地的经济发展水平、服务业发展水平、网络营销、旅游资源条件、旅游服务设施等构成了旅游者流动的拉力因素，也即吸引因素。同时认为旅游流从客源地向目的地流动过程中，还受到一定阻力因素影响，如空间距离、信息成本、信息安全等成为在线旅游流流动的阻力因素。具体各指标阐释如下。

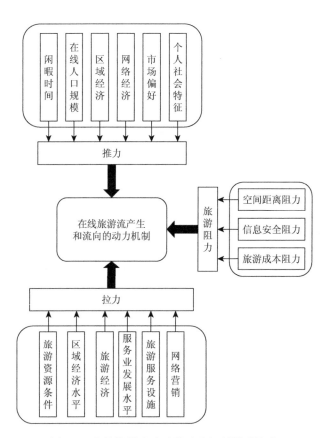

图 5-1 在线旅游流流动的动力机制模型构建

1）推力因素

（1）闲暇时间、区域经济是旅游者出游的先决条件，也是旅游者在网络上实现购买决策的条件之一。

（2）在线人口规模决定了旅游流量的大小，随着大众旅游时代的到来，在线人口基数越大，在线旅游流规模往往越大。

（3）网络经济的发达与否与旅游者是否使用网络购买旅游产品息息相关，泛长三角地区网络经济普遍比较发达，大规模的年轻群体集聚在发达城市，网络已经成为购买生活用品的重要渠道。

（4）市场偏好决定了旅游者产品的选择与购买，市场的偏好是旅游者旅游活动决策的先决条件，决定了旅游者是否购买及购买什么。

（5）旅游者的个人社会特征往往决定了其需求，需求往往影响其流动行为，如使用网络进行在线购买旅游产品的消费者往往是年轻群体，年轻群体对旅游产品的需求有别于老年群体，因此对产品的选择往往具有其自身特点，也就决定了其特有的流向。

2）拉力因素

（1）旅游资源条件决定了旅游目的地的旅游竞争力，也影响着旅游者的消费行为，本书在此以各市域国家 AAAAA 和 AAAA 级旅游景区数量衡量市域旅游资源条件，一个市域拥有数量越多的国家 AAAAA 和 AAAA 级旅游景区表明其旅游资源条件越好。

（2）区域经济水平、旅游经济往往影响旅游目的地的旅游开发程度和竞争力，而旅游目的地的旅游开发程度和竞争力往往影响着旅游者的流动。本书选择国内生产总值 GDP 来衡量旅游目的地区域经济水平，选择国内旅游人次和国内旅游收入衡量区域旅游经济。

（3）服务业发展水平影响旅游目的地的对外服务水平，从而影响市场对目的地的选择，本书选择第三产业收入作为衡量服务业发展水平的指标。

（4）旅游服务设施也会影响旅游者对旅游产品的选择，本书选择区域拥有星级酒店数量和旅行社数量来衡量旅游服务设施条件。

（5）网络营销会影响在线旅游流的规模与流向，利用网页检索数量及在线旅游产品数量衡量网络营销水平。区域在线旅游产品数量越多则网络营销越发达，反之则越落后。区域旅游关键词检索页数越多，说明区域网络推广力度越大，则网络营销越发达，反之则落后。

衡量网络营销水平的信息要素很多，如在线旅游产品类型是否多样、在线旅游产品的价格、在线旅游产品的有效期、在线旅游产品的日程天数长短是否符合市场需求等，这些在线旅游产品信息都会影响旅游者的在线购买行为，从而影响在线旅游流规模和流向。本章也尝试性地运用结构方程模型来研究在线旅游产品相关信息对在线旅游者的购买态度的影响，从而为在线旅游产品营销提供更为有效的建议。

3）阻力因素

（1）空间距离阻力。空间距离往往影响旅游者对旅游目的地的选择，对于在线购买者来说，购买的旅游产品最终要映射到现实中去旅行，因此不得不考虑现实空间的影响。本书利用各市域之间的公路里程和驾车距离衡量空间阻力。

（2）旅游成本阻力。旅游成本越大越会成为旅游者出游的阻力，在线旅游成本阻力最直接地体现为在线旅游产品的价格，此外在线操作的烦琐等也可能成为在线旅游流产生的成本阻力。

（3）信息安全阻力。信息安全成为在线旅游流购买的阻力因素，消费者常常会担心网络平台不够安全，如网络平台泄露了个人信息等，信息安全缺乏保障会阻碍在线旅游者对在线旅游产品的购买。

本书在模型构建时考虑了推力、拉力和阻力，但本书中主要研究拉力和阻力因素对旅游流的影响。考虑数据的可获取性及前人研究的借鉴，本章选择如下指标进行测度和研究。在拉力因素中选择旅游资源条件（国家 AAAAA 和 AAAA 级旅游景区的数量）、区域经济水平（GDP）、旅游经济（国内旅游人次和旅游收入）、服务业发展水平（第三产业收入）、旅游服务设施（星级酒店和旅行社数量）、网络营销（网页检索数量和在线旅游产品数量）；在阻力因素中则选择空间阻力（公路里程、驾车距离）来开展研究。上述指标数据大部分来源于 2013 年旅游统计年鉴、2013 年各市域国民经济和社会发展统计公报、2013 年区域统计年鉴、地方旅游政务网等年鉴和网站。网页检索数来源于百度搜索引擎，分别以∗∗旅游，如"南京旅游"检索而得。泛长三角各市域之间的距离则借助于百度地图搜索而得。

5.3　分　析　方　法

5.3.1　QAP 分析方法

社会关系是社会学研究的核心内容之一。如何研究"关系"？视角多种多样。从量化角度讲，由于"关系"数据本身就是关于"联系"的数据，因而直接违背避免"共线性"的原则。这意味着很多常规的统计技术如普通最小二乘法（ordinary least square，OLS），是不能简单地应用于对关系数据的统计分析之中的，特别是在研究"关系"之间的关系。这就需要用特定的方法。

在社会学网络分析中，对关系命题的检验主要包括三类。第一类是点层次属性数据的（node-level）的假设检验，其中包括回归分析（regression）、t 检验（t-tests）和方差分析（ANOVA）。第二类是点-关系混合（mixed dyadic/nodal）层次的假设检验。它包括两类：一是对"点的连续性数据"与"点与点之间的关系数据"之间的关系进行检验，二是检验"点的离散性数据"与"点与点之间关系数据"之间的关系。第三类是关系-关系层次（dyadic QAP）的假设检验，其又分为三类：一是矩阵相关分析（QAP correlation），即对"两种关系数据"之间的关系进行检验；二是矩阵关系列表分析（QAP relational-crosstabs）；三是矩阵的回归分析（QAP regression），它是作为因变量的一个关系矩阵与作为自变量的多个关系矩阵进行的回归分析。本书主要采用第三类中的矩阵相关分析和矩阵的回归分析。

QAP 指的是二次迭代分配程序，这是一种对两个（或者多个）方阵中对应的各个元素值进行比较的方法，通过比较各个方阵对应的格值，给出两个矩阵之间的相关系数，同时对系数进行非参数检验，以对矩阵数据的置换为基础，可以对 1-mode 的 $N \times N$ 矩阵进行回归和相关分析。QAP 相关算法是计算两个 1-mode $N \times N$ 网络矩阵的皮尔逊相关系数。基于关系数据的网络数据的分析，运用 QAP 算法相对最小二乘法较有优势。

QAP 回归目的是研究多个矩阵和一个矩阵之间的回归关系，并且对 R^2 的显著性进行评价。QAP 回归是以若干 1-mode 的 $N \times N$ 邻接矩阵为自变量，回归一个同类邻接矩阵，并检验 R^2 和回归系数是否具有显著意义的算法。在具体计算的时候要经过两步。首先，针对自变量矩阵和因变量矩阵的对应元素进行标准的多元回归分析；其次，对因变量矩阵的各行和各列进行随机置换，然后重新计算回归，保存所有的系数值及判定系数 R^2 值。重复此步骤几百次，以便估计统计量的标准误差（standard errors）。对于每个系数来说，该步骤将计算出在全部随机置换的次数中，产生的系数大于或等于第一步计算时得到的系数的随机置换所占的比例。在进行多元回归的 QAP 相关分析的时候，要求回归中的所有变量（即所有矩阵）必须是 1-mode 矩阵，即必须是 $N \times N$ 的方阵。

5.3.2　结构方程模型法

结构方程模型是由国外学者 Joreskog 和 Van Thillo 于 1972 年首次提出，国内学者汪侠等于 2005 年将该方法引入国内开展游客满意度研究，由此开始了结构方程模型在旅游学科研究中的广泛应用。结构方程模型是一种关系模型，意在构建、评估和检验变量之间的关系。通过关系系数判断变量关系的强弱，从而确定主要变量、次要变量，它是一种研究关系的范式。近几年，结构方程模型在游客感知、游客行为、态度、满意度及影响因素等方面的研究中广泛应用。结构方程模型方法首先假定一种以关系为基础的概念模型，然后再予以证实，最终来确定关系假设的正确性与否。结构方程模型在国外旅游研究中主要运用于如下研究：游客旅游的心理和行为关系研究；旅游地居民对旅游的态度和行为关系的研究；旅游网站电子商务的研究，如旅游网站功能与信息传播关系的研究、旅游网络交易研究、旅游从业者研究；结构方程模型在国内旅游研究中主要应用于如下研究：游客在旅游活动中的心理-行为关系研究；旅游地居民对旅游的态度和行为之间的关系研究；旅游产业经济要素之间的关系研究。由此可见，国内外对结构方程模型的应用研究具有共同的领域和有所相异的领域。主要表现在对旅游网络电子商务的研究，即国外将结构方程模型运用于在线旅游较国内更广泛。国内江金波和梁方方（2014）利用结构方程模型研究电子商务成熟度对在线旅游预订意向的影响。宋之杰等（2013）利用结构方程模型研究在线旅游产品购买意愿，是从感知有用性、感知易用性、感知风险、创新特性及主管规范几个因素来研究，更多地倾向于网站的研究，未具体到网站的旅游产品购买意愿研究。本章将利用结构方程模型从产品特性的视角研究旅游者的在线需求。

5.4　泛长三角在线旅游流动力因素分析

5.4.1　泛长三角在线旅游流规模空间差异影响因素研究

利用 SPSS 相关性分析方法和皮尔逊相关系数，显著性检测为 2-tailed，将 11 个变量与泛长三角在线旅游流规模作相关性分析，结果见表 5-2。以相关系数大于 0.8 为标准作为相关性较高的判断，将大于 0.8 且显著的变量作为泛长三角在线旅游流规模空间结构的主要动力，小于 0.8 的相关变量作为次要动力。依据以上判断，将泛长三角在线旅游流规模的空间结构形成的动力分为以下 3 类（图 5-2）。

（1）主要动力为旅游经济水平、服务业发展水平、区域经济水平、旅游服务设施（旅行社数量）、网络营销（在线旅游产品数量）；

（2）次要动力为旅游资源条件、旅游服务设施（星级酒店数量）、网络营销（网页检索数量）；

（3）阻力为交通基础设施和区位条件。

表 5-2　泛长三角在线旅游流规模空间差异影响因素

序号	变量组	变量名	泛长三角在线旅游流相关系数及显著性
1	旅游资源条件	国家 AAAAA 和 AAAA 级旅游景区数量	0.596**
2	交通基础设施	公路里程	−0.003
3	区位条件	驾车距离	−0.272
4	区域经济水平	GDP	0.861**
5	服务业发展水平	第三产业收入	0.883**

续表

序号	变量组	变量名	泛长三角在线旅游流相关系数及显著性
6	旅游经济水平	国内旅游收入	0.901**
		国内旅游人次	0.893**
7	旅游服务设施	星级酒店数量	0.740**
		旅行社数量	0.868**
8	网络营销	在线旅游产品数量	0.817**
		网页检索数量	0.457**

**在 0.01 显著性水平下通过显著性检验。

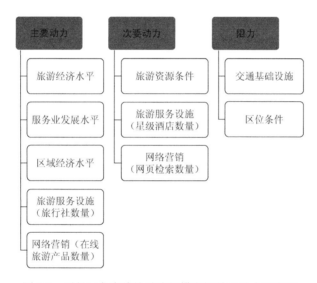

图 5-2　泛长三角在线旅游流规模空间差异动力因素图

1. 主要动力分析

从影响因素相关系数来看，泛长三角在线旅游流受到区域的发展背景影响，也受到网络这个特殊的因素的影响。

（1）旅游经济水平是衡量地方旅游业发展的重要标志，区域旅游经济发达必然与旅游资源、地方思想观念、经济水平等密切相关。在线旅游流虽然是从网络上购买旅游产品，但在线旅游者也是现实个体，其在购买在线旅游产品时也在考虑旅游线路中涉及旅游要素的实际情形。而旅游经济发展水平往往预示着旅游资源开发水平、旅游设施建设完善程度等。在线旅游产品始终是以现实旅游资源、设施等作为基础的，因此在线旅游者进行旅游购买决策时也自然会受到区域旅游经济水平发展的影响。

（2）服务业发展水平，第三产业是衡量服务业发展水平的重要标志，事实证明旅游资源禀赋较差的地方旅游业也一样能够得到发展。台湾的旅游业发展好不仅与其旅游资源密切相关，还与它的高服务水平密切相关。在线旅游者在购买旅游产品时，对旅游目的地的选择必然会考虑该地的服务水平。

（3）区域经济水平是旅游业发展的支撑，在一定程度上会影响旅游业经济发展水平。旅游业发展需要投入较大数量的资金，且旅游效率的显现需要一个漫长的过程，经济实力较强的区域往往能提供较为优质的基础设施和旅游产品，包括便捷的交通、高质量的旅游产品。因此在线旅游者虽然通过网络途径购买旅游产品，但不得不考虑在线旅游产品发生的实际情形。

（4）旅游服务设施包括旅行社数量、星级酒店数量。对于在线旅游流规模而言，旅行社数量比星级酒店数量影响更大。

旅行社数量越多，则可能在网络上营销的产品越多。特别是随着旅游电子商务的发展，旅行社从线下转入线上，或者实现线上线下的融合越来越多，因而旅行社数量与在线旅游产品数量密切相关。在线旅游产品数量越多则在线旅游者购买的可能性增大，随之带来在线旅游流规模的扩大。

在线旅游者在购买在线旅游产品时，旅行社是其考虑的重要因素之一。大部分在线旅游者在线购买旅游产品时会选择具有一定知名度的旅行社供应商提供的在线旅游产品。在线游客往往出于安全和诚信需求优先选择一些信誉度较高的、品牌知名度较大的旅行社。

（5）网络营销水平越高，则对在线旅游流规模结构影响越大。网络营销水平中在线旅游产品数量对在线旅游流规模结构影响更大。相关性分析显示在线旅游产品规模与在线游客规模呈显著正相关。说明在线旅游产品数量的多少影响着在线旅游流规模。可以理解为在线旅游产品数量越多，在线旅游者对在线旅游产品选择越多。事实证明，即使是同一条旅游线路产品，在线旅游者也会因为产品价格的不同、有效期的不同、折扣的不同等做出不同的选择，当提供的网络产品数量越多，类型越多，则旅游者购买的可能性越大，随之区域总的在线游客规模越大。

2. 次要动力分析

旅游资源条件、网络在线需求为在线旅游流规模空间差异产生的次要动力。

（1）旅游资源条件。旅游资源条件是旅游产品的要素之一，也是影响在线旅游者选择在线旅游产品的因素之一。但从相关性系数来看，旅游资源条件对在线旅游者购买的影响显然已经退居其次。相反旅游者更关注在线旅游产品所在旅游区域的经济水平和社会环境。说明泛长三角旅游者更多考虑的是在旅途过程中的舒适，不过分考虑所游览的对象的等级和品牌性。可以认为泛长三角旅游者对旅游产品具有综合性需求。

（2）旅游服务设施特别是星级酒店数量也影响着在线旅游流规模，但影响要小于旅行社数量。在线信息关注特征显示，在线游客对在线产品中的酒店也十分关注。国内在线旅游线路为了取得大众消费旅游市场，旅游线路中酒店的安排大都限定为三星级酒店或经济型酒店，为了提升旅游产品的可选择性，很多网站推出的旅游产品具有 A、B、C 三个等级，而三个等级很大一部分体现在酒店等级的不同，针对不同等级的酒店在线旅游者会做出不同的选择。

（3）网络营销水平通过在线旅游产品数量和网页检索数量来衡量，其中网页检索数量对在线旅游流规模的影响要弱于在线旅游产品数量。网页检索量反映了区域百度营销的力度，通过百度搜索的旅游者未必一定实现在线网络购买，通过百度搜索的游客往往在先前已经具有非常明确的旅游目标，只是为了获得更多的旅游信息而已。因此网页检索对在线旅游流规模的影响相对较弱，而在线旅游产品规模会直接影响在线旅游者的选择和购买。

3. 阻力分析

交通基础设施和区位条件分别以公路里程和驾车距离作为衡量指标。交通基础设施和区位条件与在线旅游流规模呈现负相关，但非显著负相关。结果表明，在线旅游流虽然是网络购买流，但是在线旅游者在购买旅游产品时同样会考虑旅游产品发生的实际空间距离，空间距离会阻碍旅游者对远距离在线旅游产品的选择，由此旅游目的地交通的便捷性显得较重要。但这种阻力不是绝对的，当旅游者时间充裕、金钱充裕时，空间距离的阻力作用就会减小，显得微不足道，特别是随着高铁的开通，泛长三角地区距离的阻碍作用越来越小。

总体而言，泛长三角在线旅游流规模的空间结构主要取决于旅游经济水平、服务业发展水平、区域经济水平、旅游服务设施、网络营销。旅游资源条件也是动力之一。空间距离和交通的便捷性仍然会影响泛长三角在线旅游流规模的大小。

5.4.2 泛长三角在线旅游流流向网络结构动力因素研究

运用 UCINET 软件，进行 Tools—Testing Hypotheses—Dyadic(QAP)—QAP(Correlation) 操作，计算泛长三角在线旅游流流动网络矩阵与影响因素矩阵的相关性。由表 5-3 结果分析表明，相关系数都不是很大，这主要是因为基于同一数据的 QAP 相关分析一般比 OLS 的确定性系数要相对低一些（肖群鹰和刘慧君，2007）。QAP 相关分析表明，区位条件对泛长三角在线旅游流流动的负面影响显著。

表 5-3　泛长三角在线旅游流流动动因 QAP 相关

序号	自变量		因变量（网络在线旅游流流动矩阵）		
	变量组	变量名	QAP 相关	QAP 回归 1	QAP 回归 2
1	旅游资源条件	国家 AAAAA 和 AAAA 级旅游景区数量	0.005	0.128^{**}	0.169^{***}
2	交通基础设施	公路里程	0.007	-0.052^{*}	-0.063^{**}
3	区位条件	驾车距离	-0.159^{***}	0.020	
4	区域经济水平	GDP	0.001	0.847^{**}	0.494^{**}
5	服务业发展水平	第三产业收入	-0.002	0.895^{**}	0.624^{**}
6	旅游经济水平	国内旅游收入	-0.002	0.474	
		国内旅游人次	-0.001	-0.217	
7	旅游服务设施	星级酒店数量	0.004	0.069	
		旅行社数量	0.007	0.198^{*}	
8	网络营销	在线旅游产品数量	-0.006	-0.067	
		网页检索数量	-0.011	0.061	
	R^2			0.280^{***}	0.278^{***}
	调整后的 R^2			0.275	0.276

* 在 0.05 显著性水平下通过显著性检验；** 在 0.01 显著性水平下通过显著性检验；*** 在 0.001 显著性水平下通过显著性检验。

将选取的所有因素作为自变量与泛长三角在线旅游流流动矩阵进行回归分析，运用 UCINET 软件，进行 Tools—Testing Hypotheses—Dyadic(QAP)—QAP（Regression）操作，点击后出现对话框，键入作为因变量的矩阵，即旅游流流向矩阵，然后再键入影响因素矩阵作为自变量，从而计算出影响因素矩阵对在线旅游流流动矩阵的回归系数及显著性，结果存在许多未通过显著性检验的变量，影响了模型的拟合度，因此采用逐步回归法，将不具有统计意义的变量逐个删除（肖群鹰和刘慧君，2007），最后得到 6 个具有显著意义的变量。虽然因为选择变量减少，模型对自变量的变异的解释力从 28% 下降到 27.8%，但仍在可以接受的范围。

表 5-3 显示，服务业发展水平、区域经济水平、旅游资源条件是旅游流流动的动力，特别是服务业发展水平、区域经济水平对在线旅游流的流动影响甚大是主要动力，说明在线旅游流更愿意在经济发达、旅游业服务水平较高的旅游目的地之间流动。交通基础设施会制约在线旅游流的流动，在线游客更愿意流向交通便捷的旅游目的地。网络营销、旅游服务设施对在线旅游流流动网络结构的影响未显现。

5.4.3　在线旅游产品信息对泛长三角旅游者在线购买的影响

泛长三角在线旅游流规模受到网络营销的影响，而网络营销对在线旅游流流动影响未显现。但是先前的研究只利用在线旅游产品数量、网页检索数量衡量网络营销水平，以发现其对在线旅游流规模和流向的影响，实际上在线旅游产品网络营销信息很多，仅以在线旅游产品数量和网页检索数量衡量网络营销远远不够。本章试探性地进一步研究在线旅游者对在线网络营销信息的关注，以获得在线旅游者购买的原因，这对于揭示在线旅游流规模和流向具有一定的积极作用。然而仅做相关性分析无法揭示网络营销要素对在线旅游流规模和流向的影响，因此本书尝试性地运用结构方程模型揭示在线旅游者购买行为的网络旅游产品信息影响因素。

1. 数据来源

数据来源于途牛旅游网、携程旅行网、欣欣旅游网、淘宝旅行网、去哪儿网五大网站的跟踪客户调查，每个网站调查 100 份问卷，共 500 份问卷，跟踪调查对象主要是在五大网站曾经购买过旅游产品的游客，问卷发放时间为 2013 年 8 月和 10 月。问卷主要通过两种方式发放，一是电子邮件，二是电话访问。由于电子邮件回收困难，问卷共回收了 476 份，有效回收率 95.2%。

问卷设计内容分为 3 个部分，共设计 36 项指标。第一部分共 4 个指标，是关于旅游者的基本信息，包括居住地、性别、年龄、月收入；第二部分是旅游者对在线旅游产品信息关注及购买态度的指标，包括产品有效期、价格、折扣、长短线、信息、图片、酒店等 29 项指标；第三部分是在线旅游的购买态度，共 3 个指标；问卷采用利克特（Likert）量表要求应答者用 1（很不赞同）～5（非常赞同）的等级方法来表明自己对表述的回复。

问卷调查人群（在线旅游者）的社会学特征分析见表 5-4。

表 5-4　调查对象社会学特征

项目		比例/%
客源来源	江苏省	72.7
	其他	27.3
性别	男	32.0
	女	68.0

项目		比例/%
购买次数	1～2 次/a	61.3
	3～4 次/a	25.3
	4 次/a 以上	13.5
年龄	20 岁以下	13.1
	21～30 岁	83.3
	31～40 岁	3.0
	41～50 岁	0.5
	50 岁以上	0
月收入	3000 元以下	55.4
	3000～5000 元	37.8
	5000～10000 元	3.1
	10000 元以上	3.6

调查统计显示，在线游客大部分来自于江苏省，这主要是因为问卷发放的偏差，女性成为在线旅游产品购买的主要人群。调查人群中 21～30 岁的人占 83.3%，说明网络购买仍然是以年轻人为主。月收入 3000 元以下的人群使用网络购买旅游产品较多，占 55.4%。利用网络购买频率为 1～2 次/a 的人群所占百分比为 61.3%，说明网络虽然成为人们购买旅游产品的途径之一，但购买频次还不高。调查人群的社会学特征提示女性、年轻群体、月收入中低下人群应是旅游产品网络营销面向的重点人群，应该重点提高该类人群的购买频次。

2. 信度分析

信度是指采用同一方法对同一对象进行调查时，问卷调查结果的稳定性和一致性，即测量工具（问卷或量表）能否稳定地测量所测的事物或变量。通过 SPSS10.0 可靠性分析，对在线旅游者的关注信息和购买态度等 32 项指标进行整体信度分析，若删除变量 17（在线购买旅游线路产品，我关注的是低价格旅游线路产品，见附录），可使问卷整体信度从 0.884 提高至 0.887，因此删除了变量 17。结果显示 31 项变量的克龙巴赫系数 α 为 0.887，一般认为 $\alpha \geqslant 0.70$ 时属于高信度，$0.35 \leqslant \alpha < 0.70$ 时，属于尚可。因此由 31 项指标构成的信息关注及购买态度问卷具有一定的可信度。

3. 探索性及验证性因子分析

1）探索性因子分析

KMO（Kaiser-Meyer-Olkin）检验统计量是用于比较变量间简单相关系数和偏相关系数的指标，主要应用于多元统计的因子分析。KMO 统计量取值为 0～1，当所有变量间的简单相关系数平方和远远大于偏相关系数平方和时，KMO 值接近 1。KMO 值越接近 1，意味着变量间的相关性越强，原有变量比较适合做因子分析。当所有变量间的简单相关系数平方和接近 0 时，KMO 值接近 0。KMO 值越接近于 0，意味着变量间的相关性越弱，原有变量则不适合做因子分析。

Kaiser 给出了常用的 KMO 度量标准：0.9 以上表示非常适合做因子分析；0.8 表示适合做因子分析；0.7 表示一般适合；0.6 表示不太适合；0.5 以下表示极不适合。

对 28 个网络信息关注变量做探索性因子分析，KMO = 0.795，说明适合做因子分析。

由此对 28 项指标进行探索性因子分析，剔除了因子载荷小于 0.5 的观测变量，分别为观测变量 7（在线购买旅游线路产品，我关注的是 1～2 日游的产品）、观测变量 11（在线购买旅游线路产品，我关注的是旅游产品中的旅游资源）、观测变量 16（在线购买旅游线路产品，我关注的是高价格旅游线路产品）、观测变量 23（在线购买旅游线路产品，我关注的是具有较短有效期的旅游产品）、观测变量 27（在线购买旅游线路产品，我关注的是旅游线路产品中是否具有高等级酒店），由此剩下 23 项指标，共提取 6 个因子，累计贡献率达到 64.93%，分别为因子 1、因子 2、因子 3、因子 4（因子 5 和因子 6）。

（1）因子 1 命名——旅游产品一般要素。

因子 1 包含了"在线购买旅游线路产品，我关注的是旅游产品的日程天数；在线购买旅游线路产品，我关注的是旅游产品的价格；在线购买旅游线路产品，我关注的是具有较长有效期的旅游产品；在线购买旅游线路产品，我比较关注供应商的品牌性；在线购买旅游线路产品，我关心供应商是否是我所在的本地市；在线购买旅游线路产品，我关注的是旅游产品中的酒店因素"以上 6 个观测变量。

6 个观测变量都是旅游产品一般要素，如日程天数、价格、有效期、供应商、酒店，旅游产品的一般要素组成往往会对旅游者购买决策产品产生影响，如日程的长短会影响消费者的在线选择，旅游产品不同于普通商品，旅游产品的日程天数决定了旅游者体验的时间，因此它是旅游产品的基本要素之一；价格也会成为旅游者消费的重要考虑因素，价格是产品的特征之一，是产品价值的表征，价格的高低意味着旅游成本；有效期决定了是否能够有充足的时间准备和选择，大部分年轻群体受工作时间限制，充足的产品有效期能够使他们的行为更加自由；供应商决定了产品的可信度和便捷性，品牌供应商往往意味着品牌旅游产品；酒店是旅游产品的要素之一，旅游产品包括食、住、行、游、购、娱，酒店是食住的重要载体，酒店决定了旅游者餐饮和住宿的条件。以上6个产品一般要素都会成为旅游者在线选择旅游产品的考虑因素。基于以上考虑，将因子1命名为旅游产品一般要素。

（2）因子2命名——营销综合要素。

因子2包括了"在线购买旅游线路产品，我往往被美丽的旅游资源图片吸引；在线购买旅游线路产品，我关注的是旅游产品的有效期；在线购买旅游线路产品，我关注的是高折扣的旅游线路产品；在线购买旅游线路产品，我倾向于选择购买人数较多的旅游线路产品；在线购买旅游线路产品，我比较关注先前购买游客的体验评价"以上5个观测变量。

以上5个观测变量基本都是旅游企业在线营销过程中对产品的营销手段。首先，旅游企业往往利用旅游目的地的精美图片让旅游者对产品有感观上的认知和对美的向往和追求，旅游产品具有特殊性，不能试用，往往依靠宣传和美丽的图片来唤起旅游者的体验需求。其次，利用折扣吸引旅游者的关注也是在线旅游产品常用的营销手段，2010年悄悄兴起的旅游产品在线团购就是非常典型的此种营销方式，团购营销方式与旅游产品非标准化价格有着天然结合的土壤，因此深得消费者喜爱。再次，有效期的有效控制能够提高消费者的购买欲和消费欲，由于带薪休假的假期制度还未建立，因此旅游者的旅行时间往往受较大约束，合适的产品有效期能够在一定程度上吸引旅游者。最后，旅游者是社会人，有研究显示旅游者具有从众行为，容易受到其他人的影响，因此旅游企业往往借助口碑宣传来传播消费者对产品的感知，有研究显示较好的口碑能够吸引旅游者购买。以上解释显示，因子2中5个观测变量都是旅游企业的营销手段，因此将因子2命名为营销综合要素。

（3）因子3命名——网站可信与短程精品。

因子3包含了"在线购买旅游线路产品，我关注的是网站的安全；在线购买旅游线路产品，我关注的是网站的知名度；在线购买旅游线路产品，我担心网站旅游线路信息存在猫腻、信誉度不高；在线购买旅游线路产品，我关注的是市内旅游线路；在线购买旅游线路产品，我关注的是线路中是否有品牌旅游资源"以上5个观测变量。

以上5个观测变量有3个观测变量关系到网站的可信任度、诚信度，如"网站的安全、网站的知名度、网站的诚信"。早期互联网在发展过程中遇到的棘手问题便是消费者对网站的信任度不高，担心在线购买中的程序复杂、资金得不到安全保障、商品能否安全到达、投诉退货能否及时等，旅游产品既具有一般商品的特性也具有特殊性，对购买网站的信任度仍然是在线旅游消费者考虑的重要因素之一，这也证实了在线旅游流产生的阻力因素中信息安全是阻力因素之一。此外，还包括短程线路和品牌资源两个观测变量。基于以上考虑将因子 3 命名为网站可信与短程精品。

（4）因子 4 命名——传统营销要素。

因子 4 包括了"在线购买旅游线路产品，我往往倾向于旅游信息提供非常丰富的旅游线路产品；在线购买旅游线路产品，我关注的是中等价格旅游线路产品；在线购买旅游线路产品，我关注的是低价格的旅游线路产品"3 个观测变量。

旅游业从发展起步到发展迅速，经历了行业的激烈竞争，我国由于旅行业进入门槛比较低，旅行社数量众多，行业发展还缺乏有效的法律约束，旅行社之间的激烈竞争演变为利用价格和丰富的产品吸引市场，有的旅行社甚至利用低于成本的价格来参与市场竞争，因此中低价格常常作为营销的重要手段。而随着《旅游法》的颁布和实施，旅游业得到了一定的整顿，隐形的回扣得到了一定的遏制，高价格的旅游线路随之出现。因此，可以说中低价格是传统营销的有效手段也是最常见的手段。

其次，旅行社在宣传旅游产品时惯用的营销手段就是将一个大景点分成好多个小景点来介绍，并且非常详细，越详细的信息旅游者越觉得自身得到了更多的产品价值，也能够有效地使旅游者了解产品。

基于以上考虑，将因子 4 命名为传统营销要素。

（5）因子 5 命名——城市与中程。

因子 5 包括"在线购买旅游线路产品，我关注的是 3～4 天游的产品；在线购买旅游线路产品，我关注的是旅游产品中的所经城市"2 个观测变量，即主要考察旅游者对旅游目的地及中程旅游产品的关注。该因子体现了个别旅游者对特殊特征的关注，因此将因子 5 简单命名为城市与中程。

（6）因子 6 命名——长线与资源。

因子 6 包括"在线购买旅游线路产品，我关注的是 4 天游及以上的产品；在线购买旅游线路产品，我关注的是旅游产品中的旅游资源"2 个观测变量，即主要考察旅游者对长线及资源的关注。该因子体现了个别旅游者对特殊特征的关注，因此将因子 6 简单命名为长线与资源。

2）验证性因子分析

利用 AMOS7.0 对 6 个因子做验证性因子分析以证明其效度，对 6 个因子做验证性因子分析的过程中遇到了模型无法识别的困难，考虑某些潜变量只由 1 个或 2 个显变量来表征不利于模型的识别，而因子 5 和因子 6 都仅包含了 2 个观测变量，因此轮流剔除因子 5 和因子 6，但都无法使模型得到识别，因此将因子 5 和因子 6 都剔除，则模型可有效识别，结果如表 5-5 所示。

表 5-5 在线信息关注变量效度检验

因子	各因子及变量	载荷	均值	标准差
因子1: 旅游产品一般要素（产品要素）	x1：在线购买旅游线路产品，我关注的是旅游产品的日程天数（4）	0.62	3.55	0.794
	x2：在线购买旅游线路产品，我关注的是旅游产品的价格（15）	0.56	3.52	0.905
	x3：在线购买旅游线路产品，我关注的是具有较长有效期的旅游产品（22）	0.55	3.29	0.981
	x4：在线购买旅游线路产品，我比较关注供应商的品牌性（24）	0.64	3.13	0.953
	x5：在线购买旅游线路产品，我关心供应商是否是我所在的本地市（25）	0.44	2.80	0.861
	x6：在线购买旅游线路产品，我关注的是旅游产品中的酒店因素（26）	0.57	3.02	0.939
因子2: 营销综合要素（促销要素）	x7：在线购买旅游线路产品，我往往被美丽的旅游资源图片吸引（13）	0.67	2.39	0.962
	x8：在线购买旅游线路产品，我关注的是旅游产品的有效期（21）	0.60	2.69	0.933
	x9：在线购买旅游线路产品，我关注的是高折扣的旅游线路产品（20）	0.57	2.68	0.946
	x10：在线购买旅游线路产品，我倾向于选择购买人数较多的旅游线路产品（28）	0.46	2.25	1.002
	x11：在线购买旅游线路产品，我比较关注先前购买游客的体验评价（29）	0.47	2.27	0.991
因子3: 网站可信与短程精品（渠道要素）	x12：在线购买旅游线路产品，我关注的是网站的安全（1）	0.61	2.27	0.991
	x13：在线购买旅游线路产品，我关注的是网站的知名度（2）	0.77	2.38	1.039
	x14：在线购买旅游线路产品，我担心网站旅游线路信息存在猫腻、信誉度不高（3）	0.61	2.87	0.979
	x15：在线购买旅游线路产品，我关注的是市内旅游线路（10）	0.52	2.44	0.859
	x16：在线购买旅游线路产品，我关注的是线路中是否有品牌旅游资源（12）	0.62	2.49	1.055
因子4: 传统营销要素（价格要素）	x17：在线购买旅游线路产品，我往往倾向于旅游信息提供非常丰富的旅游线路产品（14）	0.60	2.55	0.972
	x18：在线购买旅游线路产品，我关注的是低价格旅游线路产品（17）	0.80	2.95	0.768
	x19：在线购买旅游线路产品，我关注的是中等价格旅游线路产品（18）	0.66	2.67	0.901

验证性因子分析模型检验的指标选用绝对拟合指数与相对拟合指数作为参考标准，表 5-6 显示模型拟合较好，所有指标基本达到模型拟合的参考标准。说明在剔除了因子 5 和因子 6 后，由旅游产品一般要素、营销综合要素、网站可信与短程精品、传统营销要素 4 个潜在变量构成的模型结构效度较好，各观测变量对因子的载荷都在 $P = 0.001$ 水平下显著。

表 5-6　基于验证性因子分析的在线信息关注模型拟合指数

模型拟合检验指数	参考标准	拟合结果
绝对拟合指数	卡方值/自由度（χ^2/df）= 1~3	χ^2/df = 1.947
	近似误差方根（RMSEA）<0.08	RMSEA = 0.068
相对拟合指数	增值拟合指标（IFI）>0.90	IFI = 0.908
	比较拟合指标（CFI）>0.90	CFI = 0.901

通过实证性分析，旅游者对在线旅游信息的关注主要包括 4 个维度，分别为旅游产品的一般要素、旅游产品营销综合要素、旅游产品传统营销要素及网站可信与短程精品，用每个观测变量的均值乘以因子载荷得到各维度的关注均值，结果见图 5-3。

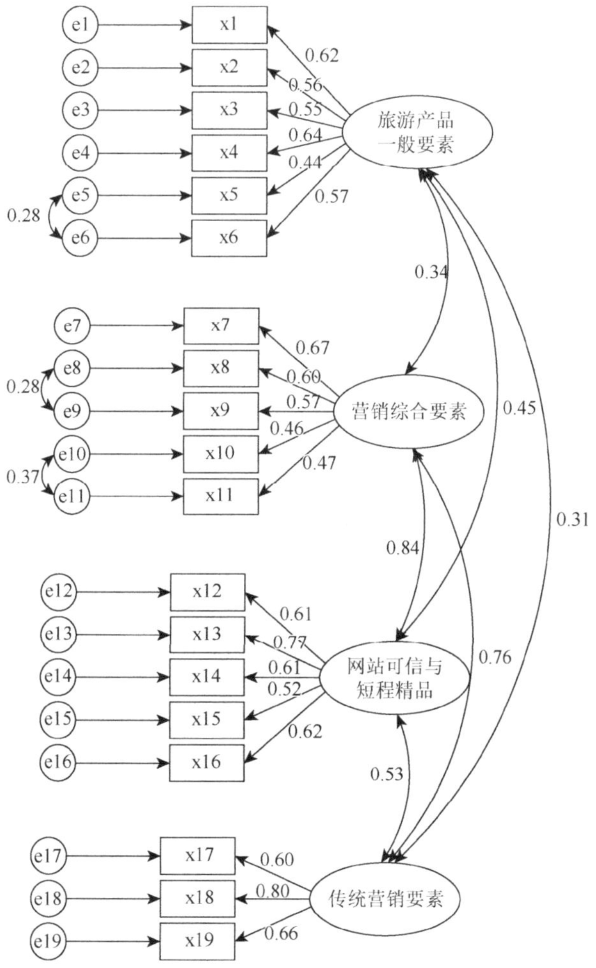

图 5-3　验证性因子分析（结构效度检验）

图 5-4 显示，旅游者对 4 个维度的信息关注程度具有差异。关注度从传统营销要素→旅游产品一般要素→网站可信与短程精品→营销综合要素递减。旅游者对传统营销要素关注度较高，即对中低价格和丰富信息的旅游产品最为关注。旅游产品一般要素（包括日程、价格、有效期、供应商、酒店等）关注度位居其次，说明旅游者对旅游产品的要求比较全面，不仅局限在低价格和丰富的信息。再次比较关注网站的可信度和短程且精致的旅游线路。从排序可以看出在线旅游者对旅游产品一般要素的关注及传统营销手段的关注仍然占主导，说明旅游产品本身及价格仍然是消费者关注的重点，也说明在线旅游流产生也要考虑旅游成本。

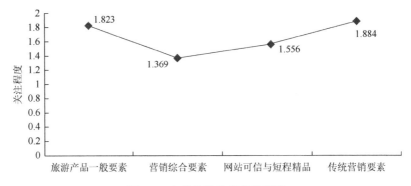

图 5-4　在线旅游信息关注程度

网站可信与短程精品、营销综合要素位居后两位。随着在线旅游产品营销的普遍化，网站要素的安全因素从以往的首位考虑因素慢慢退却，由于网站购物频次的提高，网站的安全性越来越让购物者满意。

4. 购买意愿影响因素分析

1）研究假设

旅游产品一般要素、营销综合要素、网站可信与短程精品 3 个维度会正向影响购买态度；传统营销要素会负向影响购买态度。之所以做出如此假设是因为随着旅游活动的普遍化，旅游业中的零负团费逐渐为旅游者所熟悉，接连曝光出来的导游犀利的言辞让旅游者不愿意参加低价团，因此传统的营销要素即低价和丰富信息会影响旅游者的购买态度，如"低价无好货""天上不会掉馅饼"。因此，随着 2013 年 4 月《旅游法》的出台，旅游者对传统营销要素的出现会形成条件反射，反而会消除购买的意愿，形成反感的态度。

2）模型拟合性检验

将 4 个潜变量（3 个内生潜变量，1 个外生潜变量），共 19 个观测变量导入软件 AMOS7.0 中构建模型，进行拟合度检验，模型绝对拟合指数与相对拟合指数未完全达到拟合指标理想要求,通过修正指数 e10↔e11、e5↔e6、e8↔e9 的释放,修正指数的释放以遵循结构方程模型合理解释为原则采取逐步释放,得到拟合较好的模型 B,具体指标见表 5-7。

表 5-7　模型拟合指数

	绝对拟合指标			相对拟合指标			
	χ^2/df	拟合优度指数(GFI)	RMSEA	调整拟合优度指数(AGFI)	正态拟合优度指数(NFI)	CFI	IFI
理想数值	1~3	≥0.9	<0.1	≥0.9	≥0.9	≥0.9	≥0.9
模型 A	2.303	0.864	0.08	0.820	0.718	0.813	0.818
模型 B	1.544	0.905	0.076	0.901	0.911	0.935	0.944

注:模型 A 为最初模型;模型 B 为最终模型。

3)拟合结果与分析

表 5-8 显示拟合结果:旅游产品 4 个维度对旅游者在线购买态度与假设相符,其中营销综合要素对购买态度影响最大(0.96),其次为旅游产品一般要素(0.21),再次为传统营销要素(-0.18),最后为网站可信与短程精品(0.02)。说明旅游者最终购买态度的产生很大一部分取决于营销综合要素和旅游产品一般要素。而传统营销要素则会反向影响购买态度,网站可信与短程精品对购买态度的影响非常小(图 5-5)。

表 5-8　模型标准化参数

路径关系	参数估计	结果分析
旅游产品一般要素→购买态度	0.21[**]	显著正向
营销综合要素→购买态度	0.96[***]	显著正向
网站可信与短程精品→购买态度	0.02	弱正向
传统营销要素→购买态度	-0.18[*]	显著负向

* $p<0.05$; ** $p<0.01$; *** $p<0.001$。

(1)营销综合要素对旅游者在线购买态度具有显著正向影响。

营销综合要素对旅游者在线购买态度具有显著正向影响,旅游者在购买在线旅游产品时往往会被美丽的图片所吸引,因为图片意味着旅游者在未来一段时间内可能体验到的产品。旅游者也会受到旅游产品折扣的影响,有些消费者会在折扣面前缺乏理性。旅游者具有从众性,旅游网站的在线评价及产品购买人数会从潜意识中影响旅游者的在线购买态度,事实证明淘宝网就利用了好评如潮等营销手段成功争取了很多消费者。因此营销要素对旅游者在线购买产生了显著的正向

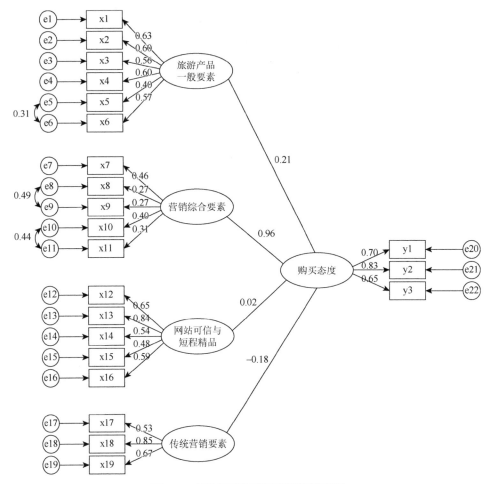

图 5-5　在线购买影响因素结构模型图

影响。此外，从因子载荷可知，美丽的资源图片对消费者影响最大（0.67），其次为折扣（0.60、0.57），最后为其他人的评价和购买数量（0.47、0.46）。因子载荷显示精美的图片、折扣等是旅游产品营销的利器。

（2）旅游产品一般要素对旅游者在线购买态度具有正向显著影响。

旅游产品是旅游者消费的实体，任何消费者在购买产品之前都会对产品本身十分关注，产品本身往往决定了消费者的购买态度和购买意愿。旅游产品也不例外，旅游产品的一般要素正向显著影响在线购买态度。此外，由因子载荷可知，供应商的品牌性（0.64）、日程天数（0.62）、酒店因素（0.57）的载荷排在前三位，说明选择可靠的旅行社、合适的旅游产品日程、满意的酒店是旅游者产生购买态度的主要原因，因此旅游企业应该在旅游产品一般要素中尤其要重点优化上述 3个要素。

（3）网站可信与短程精品对旅游者在线购买态度具有弱正向影响。

随着互联网技术的完善，网站的安全得到了更多的保障，由于大部分网站都能在一定程度上保护消费者利益，因此网站安全因素对在线购买态度已经不起决定作用，但其仍然是旅游者在线购买考虑的因素之一。短程线路、品牌旅游资源会促进旅游者产品在线购买意愿，但不起决定作用。说明旅游者在线购买态度的形成受很多因素综合影响，不仅是短程线路或者品牌资源使得旅游者产生在线购买。从因子载荷看，网站的知名度（0.77）、网站的安全（0.61）与诚信（0.61）对旅游者在线购买影响最大，特别是网站的知名度，这或许就是当今携程旅行网、同程网、去哪儿网等在线市场发展较快的原因。在本次问卷设计中设置了问题"您曾经在哪些网站购买过旅游线路产品？"，结果显示同程网、携程旅行网、去哪儿网、淘宝旅行网等网站居于前列（图 5-6）。携程旅行网、同程网等美誉的知名度吸引了在线旅游者，反过来又促使该类网站知名度不断提高。

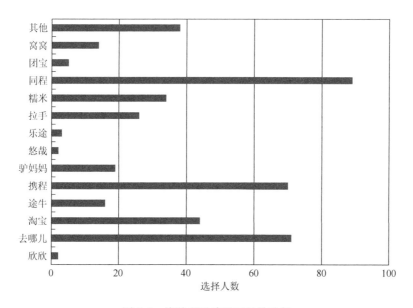

图 5-6   旅游者对购买网站的选择

（4）传统旅游产品营销要素对旅游者在线购买态度具有显著负向影响。

传统旅游产品营销要素包括中低价格及丰富信息，传统旅游产品的营销往往是制定较低的价格，而在线路信息中则将大景点分成若干小景点后详细介绍给旅游者，使旅游者觉得物超所值。然而随着《旅游法》的出台，旅游者对该类信息已经产生怀疑，也就很难产生购买意愿。因此出现旅游传统产品营销要素对在线购买态度的负向影响。从因子载荷看，低价格（0.80）、中等价格（0.66）对负向购买态度影响最大，即低价格、中等价格已经不能吸引在线旅游者购买旅游产品。

虽然旅游者比较关注产品本身及传统的营销手段（价格和丰富信息），但是真正促使消费者产生购买态度的因素应该是产品本身及符合现代旅游者心理需求的综合营销手段，而不仅局限在价格，可见旅游消费者对旅游产品消费越发理性。同时也说明虽然消费者比较关注传统营销手段，非常希望降低旅游成本，但往往这样的产品并不尽如人意，最终旅游者会放弃购买，说明该类产品有待进一步优化。

5.4.4　泛长三角在线旅游流动力机制研究结论

通过泛长三角在线旅游流规模和在线旅游流流向网络结构动因分析，可得出如下结论。

（1）在线旅游流流动网络结构动力因素与在线旅游流规模空间结构动力因素具有一定的相似性也具有一定的相异性。服务业发展水平、区域经济水平、旅游资源条件是共同的动力因素，交通与区位是共同的阻力因素。

（2）旅游服务设施中不管是旅行社数量还是星级酒店数量对在线旅游流规模结构影响较大，而对在线旅游流流动网络结构而言，旅行社数量对其有一定的影响，星级酒店数量影响未显现。

（3）网络营销对泛长三角在线旅游流规模结构影响甚大，而对泛长三角在线旅游流流向网络结构影响未显现。

（4）在线旅游产品网络营销信息对旅游者的购买行为具有一定的影响，在线旅游产品营销综合要素对购买态度影响最大（0.96），其次为旅游产品一般要素（0.21），再次为传统营销要素（−0.18），最后为网站可信与短程精品（0.02）。虽然旅游者比较关注旅游产品本身和低价格旅游产品，但往往对产品本身满意度低而放弃选择，相反营销要素配合较好（如精美的图片、高折扣、好评价）的在线旅游产品最能吸引在线旅游消费者。

5.5　江苏省在线与现实旅游流动力机制差异研究

在线旅游流空间结构动因以泛长三角研究区域为对象，得出了有益的结论。但是在线旅游流空间结构动因与现实旅游流空间结构动因有无差别，本节以江苏省为研究区域，探索江苏省在线旅游流与现实旅游流结构动因差异。

5.5.1　江苏省在线与现实旅游流规模空间差异动因分析

利用 SPSS 相关性分析方法及皮尔逊相关系数,显著性检测为 2-tailed,将 13 个变量与在线旅游流规模做相关性分析,结果见表 5-9。江苏省在线旅游流与现实旅游流规模空间结构动力因素保持基本一致。区位条件是在线旅游流与现实旅游流规模共同的制约因素,旅游经济水平、服务业发展水平、区域经济水平、旅游服务设施、网络营销、旅游资源条件是在线与现实旅游流规模空间结构共同的动力因素。江苏省在线旅游流规模结构影响动力与泛长三角在线旅游流规模结构影响动力基本一致。

表 5-9　江苏省在线与现实旅游流规模结构动因分析

序号	变量组	变量名	江苏省现实旅游流规模相关系数及显著性	江苏省在线旅游流规模相关系数及显著性
1	旅游资源条件	国家 AAAAA 和 AAAA 级旅游景区数量	0.876^{**}	0.752^{**}
2	交通基础设施	公路里程	-0.255	-0.405
3	区位条件	驾车距离	-0.587^{*}	-0.668^{*}
4	区域经济水平	GDP	0.896^{**}	0.781^{**}
5	服务业发展水平	第三产业收入	0.933^{**}	0.829^{**}
6	旅游经济水平	国内旅游收入	0.993^{**}	0.889^{**}
		国内旅游人次	0.998^{**}	0.878^{**}
7	旅游服务设施	星级酒店数量	0.723^{**}	0.481
		旅行社数量	0.799^{**}	0.839^{**}
8	网络营销	在线旅游产品数量	0.916^{**}	0.958^{**}
		网页检索数量	0.785^{**}	0.657^{**}

* 在 0.05 显著性水平下通过显著性检验;** 在 0.01 显著性水平下通过显著性检验;*** 在 0.001 显著性水平下通过显著性检验。

在线旅游流与现实旅游流的动因机制具有一致性也说明在线旅游流往往是现实旅游流的映射。在线旅游产品规模、旅行社规模观测指标与在线旅游流规模的相关性指数大于与现实旅游流规模的相关性指数,说明江苏省在线旅游流规模比现实旅游流规模更易受到旅行社在线旅游产品营销的影响。

5.5.2　江苏省在线与现实旅游流流向结构差异动因分析

1. 江苏省在线旅游流流动动因

表 5-10 表明,区位条件对江苏省在线旅游流流动影响显著,区位条件(驾车

距离）仍然是制约着江苏省在线旅游流购买的限制因素。江苏省区域交通差异明显，苏南、苏中地区往往要优于苏北，交通是实现旅游者流动的重要因素，对于在线旅游者在购买旅游产品时，观察在线旅游产品中各旅游目的地之间周转的便捷性也是在所难免的。

表 5-10　　江苏省在线旅游流流动动因 QAP 相关分析

序号	自变量		因变量（网络在线旅游流流动矩阵）		
	变量组	变量名	QAP 相关	QAP 回归 1	QAP 回归 2
1	旅游资源条件	国家 AAAAA 和 AAAA 级旅游景区数量	0.051	0.224*	0.199*
2	交通基础设施	公路里程	0.024	0.226**	0.227**
3	区位条件	驾车距离	−0.209*	−0.106	
4	区域经济发展水平	GDP	0.036	−5.430**	−5.735***
5	服务业发展水平	第三产业收入	0.016	6.290*	6.813***
6	旅游经济水平	国内旅游收入	−0.015	−1.879***	−1.997***
		国内旅游人次	−0.009	2.134***	2.198***
7	旅游服务设施	星级酒店数量	0.026	−0.256*	−0.222*
		旅行社数量	−0.086	−1.044***	−1.075***
8	网络营销	在线旅游产品数量	−0.032	−0.494**	−0.484***
		网页检索数量	−0.045	0.215*	0.208*
	R^2			0.355***	0.344***
	调整后的 R^2			0.301	0.299

　*在 0.05 显著性水平下通过显著性检验；**在 0.01 显著性水平下通过显著性检验；***在 0.001 显著性水平下通过显著性检验。

　　将选取的所有因素作为自变量与江苏省在线旅游流流动矩阵进行回归分析，采用逐步回归法，最后得到 10 个具有显著意义的变量，模型对自变量的变异的解释力为 34.4%，在可以接受的范围之内。其中作为衡量旅游经济的 2 个指标，即旅游收入和旅游人次，以及衡量网络营销的 2 个指标，即网页检索数量和在线旅游产品数量表现为完全相反的相关性，缺乏可解释性，因此剔除旅游经济和网络营销指标。

　　由此，从结果可知旅游资源条件、交通基础设施（市域公路里程）、服务业发展水平与江苏省在线旅游流流动矩阵呈现正相关显著，是在线旅游流流动的主要动力因素。而区域经济水平、旅游服务设施与在线旅游流的流动则呈现负相关。区域旅游经济水平、网络营销对江苏省在线旅游流流动影响未显现。

　　（1）与泛长三角在线旅游网络结构动因机制对比后发现，江苏省在线旅游流未受到交通基础设施的制约，可能源于江苏省内公路网密度较大，公路已经四通八达，公路网络的便捷性缩小了旅游者的出游阻力。

（2）泛长三角在线旅游流流动网络结构动因机制对比发现，江苏省在线旅游流流动与泛长三角在线旅游流流动一样受到区位条件的制约。

（3）江苏省内区域经济水平、旅游服务设施限制了在线旅游流的流动，主要原因是苏南、苏北经济相差甚大，区域经济水平已经影响了旅游开发。旅游服务设施往往需要强大的经济作为支撑，苏北落后的旅游服务设施制约了旅游者的出游选择。由此看来，区域背景不同则在线旅游流流动网络结构的动力机制有所差异，以江苏省为例探讨的在线旅游流流动动力机制与泛长三角在线旅游流的动力机制有所差异。

（4）区域旅游经济水平、网络营销对江苏省在线旅游流流动的影响未显现，这与泛长三角在线旅游流流动网络结构动力机制具有一致性。

2. 江苏省现实旅游流流动动因分析

表 5-11 表明，旅游资源条件、旅游经济水平对江苏省现实旅游流流动影响显著，旅游资源条件、旅游经济水平与江苏省现实旅游流流动负相关。

表 5-11　江苏省现实旅游流流动动因 QAP 算法结果

序号	自变量		因变量（现实旅游流流动矩阵）		
	变量组	变量名	QAP 相关	QAP 回归 1	QAP 回归 2
1	旅游资源条件	国家 AAAAA 和 AAAA 级旅游景区数量	-0.256^*	-0.786^{***}	-0.797^{***}
2	交通基础设施	公路里程	0.111	0.280^{***}	0.270^{***}
3	区位条件	驾车距离	-0.090	0.017	
4	区域经济发展水平	GDP	-0.217	-5.576^{**}	-5.352^{***}
5	服务业发展水平	第三产业收入	-0.218	9.069^*	8.773^{**}
6	旅游经济水平	国内旅游收入	-0.234^*	-1.037^*	-0.837^{***}
		国内旅游人次	-0.240^*	0.172	
7	旅游服务设施	星级酒店数量	-0.185	-0.633^{***}	-0.652^{***}
		旅行社数量	-0.161	-1.092^{***}	-1.051^{***}
8	网络营销	在线旅游产品数量	-0.163	1.294^{***}	1.292^{***}
		网页检索数量	0.177	0.207^*	0.228^{**}
	R^2			0.423^{***}	0.422^{***}
	调整后的 R^2			0.374	0.382

* 在 0.05 显著性水平下通过显著性检验；** 在 0.01 显著性水平下通过显著性检验；*** 在 0.001 显著性水平下通过显著性检验。

　　将选取的所有因素作为自变量与江苏省现实旅游流流动矩阵进行回归分析，结果存在少许未通过显著性检验的变量，影响了模型的拟合度，因此采用逐步回归法，将不具有统计意义的变量逐个删除（肖群鹰和刘慧君，2007），最后得到9个具有显著意义的变量。虽然因为选择变量减少，模型对自变量的变异的解释力从42.3%下降到42.2%，但模型仍有较强的解释力。

　　因此，从结果可知交通基础设施、服务业发展水平、网络营销是现实旅游流流动的主要动力。而旅游资源、区域经济水平、旅游经济水平、旅游服务设施则制约江苏省现实旅游流的流动。

　　3. 江苏省在线旅游流与现实旅游流流动网络差异动因分析

　　由表5-12可得出以下内容。

　　（1）旅游资源条件、交通基础设施、服务业发展水平与江苏省在线旅游流流动矩阵呈现显著正相关，是在线旅游流流动主要动力因素。而区域经济水平、旅游服务设施、区位条件则限制着在线旅游流的流动。旅游经济水平、网络营销对在线旅游流的流动影响未显现。

　　（2）交通基础设施、服务业发展水平、网络营销是现实旅游流流动的主要动力。而区域经济水平、旅游经济水平、旅游资源条件、旅游服务设施则制约江苏省现实旅游流的流动。区位条件对现实旅游流的流动影响未显现。

　　（3）对比发现，交通基础设施、服务业发展水平是在线与现实旅游流动的共同动力；区域经济水平、旅游服务设施是在线与现实旅游流动的共同制约因素；而在区位条件、网络营销、旅游资源条件、旅游经济水平表现出差异。

表 5-12　在线旅游流与现实旅游流流动差异动因分析

在线旅游流流动主要动力	现实旅游流流动主要动力
旅游资源条件 0.199[*]	网络营销 1.292[***]，0.228[**]
交通基础设施 0.227[**]	交通基础设施 0.270[***]
服务业发展水平 6.813[***]	服务业发展水平 8.773[**]
在线旅游流流动限制因素	现实旅游流流动限制因素
区域经济水平 −5.735[***]	区域经济水平 −5.352[***]
旅游服务设施 −0.222[*]，−1.075[***]	旅游服务设施 −0.652[***]，−1.051[***]
区位条件 −0.209[*]	旅游经济水平 −0.837[***]
	旅游资源条件 −0.797[***]
在线旅游流流动未显现因素	现实旅游流流动未显现因素
旅游经济水平	区位条件
网络营销	

　　* 在0.05显著性水平下通过显著性检验；** 在0.01显著性水平下通过显著性检验；*** 在0.001显著性水平下通过显著性检验。

为了更好地看清两者的差异，利用四象限坐标轴可视化动力差异，见图 5-7。

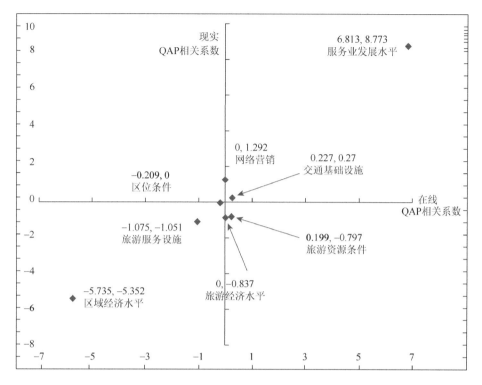

图 5-7　江苏省在线与现实旅游流流动动力差异四象限图

四象限图显示服务业发展水平、交通基础设施是在线与现实旅游流流向空间结构的共同动力；旅游服务设施、区域经济水平是在线旅游流与现实旅游流流向空间结构的共同制约因素；而在网络营销、旅游资源条件、旅游经济水平、区位条件表现出差异。

旅游经济水平对江苏省在线旅游流未产生影响，对现实旅游流产生阻碍。相比较而言在线旅游流更加重视旅游资源条件，选择精品旅游资源线路有效地促进了在线旅游流的流动，而对现实旅游流而言，旅游资源条件得到弱化，现实旅游流流动的"休闲意识"可能更强。相比较而言，在线旅游流更易受到区位条件的制约，而现实旅游流区位条件的制约作用未显现，因为随着江苏省交通基础设施的日益发达，空间距离已经不是问题。

泛长三角在线旅游流流动和江苏省在线旅游流流动动力机制中，网络营销的作用始终未显现，但对泛长三角和江苏省在线旅游流规模的正向影响明显。网络营销对在线旅游流流向的影响从理论上思考一般应该是有影响的，所以不得不深思网络营销的观测指标是否还不够合理，在线旅游产品的数量和区域旅游检索页数能否较好地体现流动特征。

5.6　对　策　分　析

1. 培育在线营销增长极，改善交通轴线

泛长三角区域所含旅游节点较多，共 41 个，包含三省一市，其中安徽省是在线旅游流规模较小的省域。安徽省皖南地区虽然具有优势旅游资源，然而其在线旅游流与泛长三角其他区域比起来还比较落后。因此可依托黄山市优势资源加大网络营销，建立安徽省在线营销增长极，从而带动安徽省其他市域的在线营销。此外，还可以积极培育合肥市作为新的增长极从而减缓安徽省黄山市的人流压力。

泛长三角在线旅游流规模呈现出"同心圆＋S 形"结构，从后续动力机制研究可以发现，同心圆状的结构模式受到空间距离的摩擦。因此要加强苏北、皖北、浙南对上海市、苏南、浙北、皖西南的交通通道建设，加快交通基础设施的完善，依托交通便利轴线带动泛长三角在线旅游流规模的整体提升。

在线旅游流规模的产生和结构受到区域背景的影响，加快在线旅游网络营销效益不仅要依靠提升在线旅游产品网络营销要素，还要加强区域旅游要素的实际建设，如加快区域旅游资源的开发和建设、加快旅游服务设施的建设、提升区域旅游服务水平、加快区域经济和旅游经济发展，只有通过提升区域旅游整体要素才能获得较好的旅游产品，再施以有效的在线旅游产品信息建设，才能获得较好的在线营销效益，即获得较好的在线旅游流规模。

2. 加强区域二级与三级市域的营销合作和区企合作

上海市、南京市、杭州市在泛长三角在线旅游流流向网络中地位突出，属于一级旅游地，虽然 3 个城市在区域上不相邻，但由于快速交通的建立，三城互动极为频繁，实现了无缝合作。一级旅游地对常州市、无锡市、苏州市、连云港市、扬州市、嘉兴市、台州市、衢州市、宁波市、金华市、绍兴市、舟山市、温州市、湖州市形成的二级旅游地具有带动作用，对黄山市、芜湖市、安庆市、池州市形成的三级旅游地也具有带动作用。一级旅游地的辐射作用在整个泛长三角中显而易见，然而从依赖密度来看，三级旅游地对二级旅游地的依赖为 0，说明泛长三角在线旅游流网络中出现断层，为了整个泛长三角的营销一体化，形成整体泛长三角旅游形象，必须加强二、三级旅游地的旅游联系，二、三级旅游地可通过线路合作实现旅游流的互动，旅游地管理者应该加强合作推动二、三级旅游地的联系。

此外，在线旅游流的流动更倾向于流向区域经济发达之地和服务业发展水平

较好之地，因此苏北、皖北、浙南等地应加强区域经济发展和地方服务业发展。旅游地应积极地加强与旅游企业的合作，依靠旅行社、旅游酒店、旅游网站实现线路的推广。对于在线旅游产品信息建设而言，苏北、皖北、浙南等地应提升在线旅游产品规模，特别要提升中低档价格旅游产品的质量，通过有效期、前人评价等综合营销手段赢得在线旅游市场。

3. 发挥市域角色地位，促使旅游流畅通无阻

从泛长三角在线旅游网络结构中可知，上海市、南京市、杭州市是泛长三角非常重要的集散门户，因此，一方面上海市、南京市、杭州市要发挥其在整个泛长三角的集散作用，在其城市的核心地带设置大的旅游集散中心，便于旅游者进得来、出得去，如南京南站、杭州东站等的建成为泛长三角旅游者实现了快速空间移动；另一方面作为集散门户，也要防止在现实发展过程中遇到发展瓶颈，可通过在线网络营销对旅游者过多等问题进行调整，也可充分发挥苏州市、宁波市等次级核心市域的功能，分担上海市、南京市、杭州市核心市域的客流压力。

黄山市旅游通道作用明显，是实现皖南地区与苏、浙、沪联系的重要通道，因此，一是建立黄山市内部便捷的交通体系；二是利用合肥增长极缓解黄山市的旅游流压力；三是要在网络平台上积极推广安徽省其他旅游路线，如安庆、池州等。

4. 提升江苏省在线网络营销，尤其是苏北在线网络营销

江苏省现实旅游发展相对较为成熟，空间结构良好，但在线旅游营销则相对较弱，主要体现在苏北地区在线旅游线路十分少。主要原因是苏南地区旅游业发达，华东线黄金线路经久不衰，而苏北地区单节点线路和多节点线路相对较少。

图 5-8 也证实，苏北在线旅游产品非常少，而苏南偏多，产品规模的大小会制约在线游客的选择。江苏省在线旅游流规模动力因素分析中可以发现在线旅游产品规模是江苏省在线旅游流规模的动力因素之一。图 5-8 为以某一网站为例搜索到的江苏省各市域在线旅游产品数量，图中显示苏南在线旅游产品居多，苏北较少。

为了促进江苏省在线旅游流网络结构更加成熟，应尽快培育苏北在线营销增长极，而徐州市、连云港市是最好的选择，通过徐州市、连云港市与苏北其他市域的线路连接，在一定程度上能带动江苏省整体在线旅游流结构发展。当然，毋庸置疑，在线旅游流的产生和流向受到现实区域旅游要素的影响，因此，应该给予政策扶持，尽快促进苏北区域经济、旅游经济的提升，加快苏北旅游资源品牌化建设。

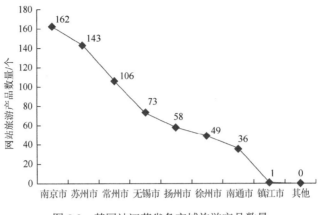

图 5-8　某网站江苏省各市域旅游产品数量

5. 增强江苏省核心城市的核心力，加强区域合作

江苏省在线旅游流流动网络存在明显的结构分层，核心成员之间联系紧密，但对边缘层的市域带动作用还不够强。因此必须加强核心成员的带动作用才能促进整个江苏省的旅游发展。例如，加强南京市、无锡市、徐州市、常州市、苏州市、连云港市、扬州市与江苏省其他市域的旅游线路合作，积极进行网络推广，发挥核心成员的带动作用，提高核心与边缘城市的互动频率。同时，进一步提升无锡市、徐州市、常州市、连云港市、扬州市的核心力，如加大上述城市的网络营销规模及增加旅游路线，如此才能有更大的带动力。

6. 建立江苏省内集散中心，培育增长极

由于南京市、苏州市的核心地位角色，可在南京市、苏州市建立两个大的旅游集散中心，旅游集散中心将为进入江苏的游客提供更加全面的旅游信息和交通中转。

发展连云港市、徐州市旅游和在线网络营销，提升徐州市、连云港市品牌资源，积极创建国家 AAAAA 级旅游景区，将其培育成江苏北部旅游增长极和沿江旅游增长极。徐州市、连云港市应该拓宽合作网站，如可加大与南京市的本地旅游网站——途牛旅游网合作，并且设计多节点、多类型线路产品，不断满足市场需求。此外，建立和完善苏北旅游交通，尤其是高铁交通的投入和建设。借助徐州市形成实际的徐宿淮旅游圈，从而带动宿迁市、淮安市的在线旅游发展；借助连云港市带动沿江旅游发展。

7. 注重在线旅游产品信息建设及综合营销手段的运用

从营销角度来看，营销有四大要素——产品、渠道、价格、促销，在线旅

游网络营销过程中，产品、渠道、促销对旅游者购买态度产生正向影响，影响大小为促销—产品—渠道逐渐变小，由于在线旅游者十分看重产品营销的综合要素，对于旅游企业及旅游地而言，在线营销需要综合运用以下各种有力的促销手段。

（1）对旅游资源及旅游地的图片进行精心采集和设计，旅游地和旅游资源画面要清晰、典型、具有体验质量，图片数量要符合游客心理需求。

呈现旅游资源图片信息时，要尽量做到真实性与优美性相结合。当客户看到的图片逼真精美，购买欲就会加强。当然，最重要的是图片能尽量与实物相符，首先在感官上给客户造成一种美好的享受，真正体验时会认为其选择是值得的，心理上也会得到极大的满足感。

（2）充分利用折扣来吸引旅游者，高折扣或限时秒杀能够使在线旅游者有抢购的快感及物超所值的快感。

调查数据显示，82.44%的顾客对在线购买有折扣旅游产品持赞同的态度，绝大多数顾客愿意选择有折扣的旅游线路产品。游客在选择商品时往往考虑很多因素，讲究实惠，所以大部分游客对有折扣的旅游线路产品更加偏爱。如今，各大旅游网站竞争激烈，针对此种现象，旅游网站应多多推出优惠活动吸引更多客源，如会员专享或定期指定区域限时优惠。

绝大多数顾客会选择高折扣的旅游线路产品，所占的比重为 84.87%，只有15.13%的在线游客不赞同产品的高折扣。顾客在选择旅游产品时，对性价比要求很高，同样的旅游线路产品，更多顾客愿意选择高折扣的价格，以获取更多优惠。旅游网站可以在资源方面着手，优先开发线路，与供应商打好关系，降低产品成本，加大折扣吸引更多顾客。

（3）将在线评价进一步精细化，利用激励制度激励已游玩游客进行在线评价和撰写在线攻略、博客等。

有研究显示旅游者具有从众心理。维布雷宁创立了一种社会心理模式。维布雷宁认为，人类是一种社会的动物，其需求和购买行为通常要受到社会文化和亚文化的影响，并遵从他所处的相关群体、社会阶层和家庭等特定的行为规范。上述社会因素往往直接形成和改变人们的价值观、道德观、审美观和生活方式，进而在很大程度上决定消费者的购买行为。维布雷宁模式立足于社会文化环境，探讨了外部环境对消费者的影响。数据显示，在线游客倾向于购买很多人购买的旅游产品占比为 89.76%。在线游客对具有大量购买量的旅游产品比较青睐。某条旅游线路购买量越大说明越受欢迎，具有从众心理的旅游者觉得越放心。

数据结果直接表明，先前的游客评价直接影响后续游客的选择占比为89.27%。因为先前的游客评价是游客游玩过才点评的，所以后续游客往往参照先前游客的评价来选择。如何能让游客在游玩之后及时点评，并且点评都是好评，不会影响到后续游客的购买是值得思考的事情。因此建议旅游企业提高游客游玩满意度，此外在线评价激励，如返现等激励机制也可在一定程度上给旅游产品带来好评而影响后续旅游者。

（4）旅游地在选择合作旅游企业时需要慎重，一方面注重旅游企业的品牌性、知名度、诚信度，另一方面有重点地选择客源市场进行旅游企业合作。

调查数据显示，游客在购买在线旅游产品时关注供应商的品牌还是占多数，因为在总数中赞同购买在线产品会关注品牌知名度的占 59.03%。要相信品牌的力量，一个品牌的知名度越高说明越为大众所信赖，品牌供应商在产品供给质量、销售服务等方面具有一定的保障，消费者往往评价较高。评价分值高往往会增加消费者对其的信任感。这就充分说明，游客在选择出游时首先会考虑的是选择哪个供应商去订票，知名度高的供应商将会是人们的首选对象，在一定程度上会决定人们的选择。对供应商是否在所在地，持赞同态度的占 80%，因为供应商在本地往往信任度更强，也更加便利。

（5）旅游企业在策划线路的时候，要注意旅游线路的日程天数符合市场需求。

调查数据显示，游客对旅程大于 4 日的旅游产品赞同的占 52%，不赞同的占 48%。这种现象可能是由消费者职业、年龄、资金等一些因素产生的。一般年轻的消费者在资金允许的情况下更愿意关注日程天数比较多的旅游产品；而老年人因为精力和时间的限制会比较倾向于短程旅游。在线旅游应该关注这一现象，推出更丰富的旅游产品，可以供多种旅游消费者选择。

对于 3～4 日游的旅游产品赞同的占 72%。出游 3～4 日对大部分人来说都是可以接受的，遇到小长假只要安排得当完全可以有一个完美假期，这应该也是关注这个日程的旅游者的初衷。在线旅游可以关注小长假期间的旅游产品的推出。

对于 1～2 日游的旅游产品关注的消费者占 77%，快节奏的生活，大部分人并没有很长的时间可以用作旅游，短期旅游既可以放松身心，欣赏美景，又不会太过劳累，旅游之后就可以投入工作，这应该是工薪阶层比较关注的旅游产品，未来在线旅游可以关注这一消费群体，推出适合他们的产品。

由此看来，中短线更受市场欢迎，旅游企业和旅游网站要重点关注中短线市场，同时要注意产品的多样性。

（6）旅游线路策划中，要注重旅游住宿设施的选择。

数据显示，选择在线旅游产品时，由于关注酒店而选择某一旅游产品的在线游客所占比例为 79%。游客出游，必须具备的条件为吃、住、行、购、娱，其中不得不考虑的是在出行过程中的住宿，所以会关注酒店方面的旅游产品。传统的旅游路线中酒店的等级往往是二星级和三星级酒店，二星级和三星级酒店旅游住宿设施陈旧，卫生欠佳，出于安全和卫生的考虑或者身份的考虑，越来越多的游客对酒店十分关注。游客在关注旅游产品中的酒店要素时，相对而言比较青睐高级酒店，其中赞同关注高级酒店产品的占比为 64%。

（7）提高网站的可信度，加大与可信度较高的网站合作。

调查数据显示，93% 的消费者对网站安全比较在意，7% 的消费者不太在意网站的安全，由此可见网站安全至关重要。在线旅游企业应当加大投资力度，维护好网站信息安全，保障消费者的权益。调查显示，86% 的消费者比较在意网站的信誉度，其中 74% 的消费者比较在意网站是否有猫腻及网站的信息安全是否存在隐患。由此可见，网站的信誉度也至关重要，一个网站长期形成的良好的口碑效应，可以为该网站留住大批量的客人。而对于旅游产品的消费者而言，产品质量的优劣往往来源于旅游产品的信息是否可靠，因此在线旅游者十分关注网站的可信度。对于旅游企业而言，选择可信度较高的旅游网站进行合作至关重要，对于网站而言应该严格把关产品信息的真实程度。

（8）巧妙利用价格营销手段，推出中等价格线路，慎重推出低价格旅游路线。

调查数据显示，在线游客对价格比较关注所占比例为 40%，不赞同的为 60%。其中，在不赞同中持很不赞同观点的比重为 7.8%。这不难看出，价格是影响消费者的一个因素，但不是决定性因素。在线旅游者在购买旅游产品时会综合考虑各个要素，而不仅是价格。常言道便宜无好货，因此过低的价格不再是旅游者追逐的目标。选择一个价格合理，产品合适的旅游产品才是在线旅游者真正的消费目标。

对于价格在 300 元以下的旅游线路产品的关注程度，77.08% 的顾客对低价格旅游线路产品持赞同态度，22.93% 的顾客对低价格旅游线路产品持不赞同态度。低价格仍然是消费者关注的重点，但是关注和购买的关系说明，虽然旅游者比较关注低价格产品，但真正购买的机会却很小，说明低价格产品很难使旅游者满意，价格过低会引起顾客对产品质量的不信任，再加上关于低价格的旅游线路的导游强迫消费者购物等事件的曝光，使得旅游者消费更加理性。因此需要对低价格产品进行品牌化，禁止低于成本价的旅游产品。

对于价格在 300～600 元的旅游线路产品，数据显示 83.91% 的顾客对中等价格旅游线路产品持赞同态度，16.09% 的游客持不赞同的态度。大部分顾客会选择中等价格旅游线路产品。游客大部分选择在法定节假日或年假旅游，公费旅游很少，多数为自费旅游，太高的价位只能被少部分高层次消费者所接受，但价格过低在质量上无法满足出游目的需求，所以游客在旅游线路选择上更偏向于中等价位。因此，旅游网站应制定以中等价位为主的旅游线路产品，同时适当增加高价格产品，以满足大部分顾客及特殊游客的需求。

由此看来，不同价位的旅游产品都有消费市场，尤其是中等价格和低价格，但是如何优化这两个价位的旅游产品是旅游企业要重点关注的问题，如何保证有质量的低价是旅游企业在《旅游法》颁布后需要重点关注的问题，而不仅是放弃低价旅游线路这么简单。

5.7　本　章　小　结

本章利用 SPSS 软件、UCINET 软件、AMOS 软件，通过相关性分析方法、QAP 相关分析方法、结构方程模型方法，以泛长三角为研究对象，研究泛长三角在线旅游流规模和流向空间结构动力机制。

本章首先参阅了以往旅游流动力机制研究的相关文献，在以往学者研究的基础上，基于推拉理论构建在线旅游流动力机制模型。其次，在模型构建的基础上主要研究拉力因素和阻力因素，构建了 13 个观测变量，并从微观角度进一步研究网络旅游产品信息对在线旅游者的购买决策影响，以求更深一步地明晰在线信息的引导作用。

此外，选取江苏省为研究案例研究在线与现实旅游流规模和流向结构动力机制的差异。基于以上研究思路，得出以下研究结论。

5.7.1　泛长三角在线旅游流网络结构动力机制研究结论

（1）泛长三角在线旅游流规模及在线旅游流流向网络结构形成的主要动力基本相同。主要拉力因素为区域经济条件、区域服务业水平、区域网络经济与网络营销；交通基础设施成为制约在线旅游流产生及流动的主要因素，这主要是因为泛长三角区域内部交通便捷性具有一定的差异性。

从流量角度出发：泛长三角在线旅游流在各市域的流量空间差异主要是因为各市域旅游经济水平、服务业发展水平、区域经济水平、旅游服务设施、网络营销、旅游资源条件起主要推动作用，交通基础设施及区位条件限制了各市域在线旅游流的流量。

从流向角度出发：影响泛长三角旅游流在线网络结构的动力因素中，服务业发展水平、区域经济水平、旅游资源条件是旅游流流动的主要动力。而交通基础设施会制约在线旅游流的流动。网络营销、旅游服务设施对泛长三角在线旅游流的流动影响未显现。

上述可知，交通基础设施、区位条件会制约旅游流流量、流向的产生，而旅游资源条件、服务业发展水平、区域经济水平则会推动在线旅游流的产生。由于流量是基于单一旅游目的地，在测度影响动力时更加可测，而旅游流的流向是多旅游目的地，在测度动力因素时，只发现少许因素起作用。但总的来说，交通基础设施是制约因素，其他因素则或主或次地影响在线旅游流空间结构。

（2）在线旅游信息对泛长三角在线旅游流的产生具有一定影响，旅游产品一般信息及网络营销综合要素是在线旅游流产生的主要动力，安全可信的渠道成为次要动力，传统的在线旅游产品营销信息已经不能够有效地促进在线旅游流的产生。

由在线旅游流产生的动力机制研究结论可以得出，在线旅游流与现实旅游流的动力机制具有很多相似之处，在线旅游流最终要发生于现实中，因此其产生往往是旅游者综合考虑了旅游目的地的实际情况及在线信息最终做出的选择。因此，泛长三角旅游企业应在《旅游法》实施的背景下，在线上加速企业产品转型，重视产品的开发及综合营销手段的运用，注重营销渠道的品牌化和诚信化；在线下，旅游目的地则要不断开发品牌旅游资源、发展区域经济与服务业、优化交通设施和区位条件才能实现线上与线下联动，促使在线旅游流的产生和流动。通过线上与线下的结合实现区域旅游业的发展，改变区域在整个泛长三角地区的旅游发展地位。

5.7.2　江苏省在线与现实旅游流空间结构动力机制差异研究

（1）江苏省在线旅游流与现实旅游流规模结构的影响因素与上述泛长三角地区在线旅游流规模及流动网络结构影响因素保持基本一致。

（2）江苏省在线旅游流与现实旅游流规模空间结构影响因素保持基本一致。区位条件、交通基础设施是在线旅游流与现实旅游流规模共同的制约因素，旅游地经济水平、服务业发展水平、区域经济水平、旅游服务设施、网络营销、旅游资源条件是在线与现实旅游流规模空间结构共同的动力因素。江苏省在线旅游流规模比现实旅游流规模更易受到旅行社在线旅游产品营销的影响。

（3）江苏省在线旅游流与现实旅游流流动网络空间结构动力因素具有一定的相似性同时也具有一定的相异性。

交通基础设施、服务业发展水平是江苏省在线与现实旅游流流动的共同动力；区域经济水平、旅游服务设施是江苏省在线与现实旅游流流动的共同制约因素；网络营销、旅游资源条件、旅游经济水平、区位条件是江苏省在线旅游流流动网络与现实旅游流流动网络结构产生差异的主要影响因素。

本章对泛长三角在线旅游流规模及流向结构动因进行了探讨，同时还尝试性地探讨江苏省在线旅游流规模、流向与现实旅游流规模、流向的动因差异，在线旅游流的动因从理论上来说，网络营销是重要因素，但从在线旅游流规模和流向动因研究中发现，在线旅游流规模结构与网络营销密切相关，而对于在线旅游流流向网络结构则显现不足，这是否与网络营销的衡量指标有密切关系，选择什么样的观测指标才能更好地衡量网络营销，是本书今后需要进一步研究的内容。此外，在线旅游信息的建设是否与在线旅游流规模和在线旅游流流动密切相关，本章只是利用结构方程模型分析在线旅游营销信息对在线旅游者购买的影响，而未从空间结构角度做出较好的关联分析，今后可试探性地进一步研究在线旅游信息的建设与区域在线旅游流空间结构之间的耦合性，从而为在线旅游产品信息建设提供更好、更有效的建议。

第6章 在线旅游流空间结构研究结论与优化策略

通过对在线旅游信息的数据挖掘，以泛长三角区域为例，研究泛长三角在线旅游流空间结构，以江苏省为例进一步探讨和研究在线与现实旅游流空间结构关系，最后以推拉理论为基础，构建在线旅游流动力机制模型，并探讨性地研究在线旅游流与现实旅游流动力机制的差异。通过以上内容的研究，本书得出了一些有益的结论，主要表现在4个方面：泛长三角在线旅游流空间结构特征；泛长三角区域内各省域空间结构特征；江苏省在线与现实旅游流空间结构差异；在线旅游流动力机制。

6.1 本书研究结论

6.1.1 泛长三角在线旅游流空间结构特征

1）泛长三角在线旅游流规模呈现"同心圆＋S形"空间结构，在空间上呈现"西北—东南"格局

泛长三角在线旅游流规模冷点多、热点少，在线旅游流规模空间差异明显，热点区域形成以上海市、苏州市、嘉兴市为核心的"同心圆＋S形"的递减空间结构。泛长三角在线旅游流规模空间格局总体上呈现西北—东南格局。冷热点分析表明冷点区域呈现皖—苏—浙递减，热点区域苏、浙并列，皖居其次；总体说来，旅游网络营销效益较差的区域占比较高，占泛长三角城市的76.19%。

2）泛长三角在线旅游流流动网络联系整体较低，网络密度呈现浙—苏—皖递减，三大凝聚子群受空间作用程度低

泛长三角内部在线旅游流流动网络密度较低。除上海市外，浙江省内在线旅游流流动网络密度最高，其次为江苏省，最后为安徽省。浙江省和江苏省网络密度要高于整个泛长三角在线旅游流网络密度，说明浙江省和江苏省在线旅游流网络联系在整个泛长三角相对发达。泛长三角形成三大凝聚子群，三大凝聚子群受空间作用制约有限，特别是第一凝聚子群，即上海市、南京市、杭州市形成的凝聚子群，这源于泛长三角区域城市之间的便利交通。

3）泛长三角在线旅游流流动网络核心边缘结构明显，各市域在网络中的角色有差异

随着流量阈值的不断增大，泛长三角在线旅游流流动网络核心边缘特征逐步清晰，核心市域数较少，上海市、南京市、无锡市、苏州市、杭州市、宁波市、嘉兴市为核心，核心对边缘未形成较好的影响。上海市、南京市、杭州市程度中心性较高，是区域核心城市和集散门户，黄山市通道作用凸显。

6.1.2 泛长三角内各省域在线旅游流空间结构特征研究结论

1）浙—苏—皖在线旅游流规模递减，3 个省份内部在线旅游流规模空间差异明显

从省域层面看（不计上海市），泛长三角在线旅游流规模浙江省居于首位，安徽省规模最小；3 个省份在线旅游流规模空间不均衡，江苏省在线旅游流规模在沪宁线呈热点，苏中、苏北呈现冷点，点轴式空间结构明显；浙江省在线旅游流规模在浙北呈现热点，浙南呈现冷点；安徽省在线旅游流规模皖南强，皖中、皖北弱，呈现由南至北的梯度扩散；3 个省份的在线旅游流规模空间差异基本与省内区域经济一致。

2）苏、浙、皖在线旅游流流动网络结构差异明显

江苏省内在线旅游流流动较弱，江苏省内在线旅游流流动网络呈现双核结构，即以徐州市、连云港市为核心的苏北核和以苏锡常、宁镇扬为核心的苏中南核，核心边缘的相互影响作用不强；浙江省内在线旅游流流动较强，呈现核心边缘-飞地型结构，核心即为宁波市、绍兴市、嘉兴市、杭州市，飞地则是温州市；安徽省内在线旅游流流动非常弱，安徽省内在线旅游流流动网络呈现双核结构，双核即皖南、合肥市。

6.1.3 江苏省在线与现实旅游流空间结构特征差异研究结论

以江苏省为案例，分析在线与现实旅游流规模及流动网络结构差异，实现在线与现实旅游流网络结构的呼应研究，研究结论如下。

（1）江苏省在线与现实旅游流规模在沪宁线呈热点，苏中、苏北呈现冷点，点轴式空间结构异常明显；江苏省内在线旅游流规模较现实旅游流规模集聚性更强。

（2）江苏省在线与现实旅游流规模耦合类型多样，耦合差异明显。苏北、沿江大多处于轻度失调状态，苏南、苏中大多为较好或基本协调状态。加强苏北、沿江在线网络营销十分重要。

（3）江苏省现实旅游流流向网络发育优于在线旅游流流向网络发育。江苏省在

线旅游流网络与现实旅游流网络矩阵 QAP 相关性较低，但相关性显著，为 0.186，在线旅游流网络与现实旅游流网络结构具有一定的相似性，然而江苏省在线旅游流网络密度明显低于现实旅游流网络密度，现实旅游流网络发育要优于在线旅游流流向网络。根据中心性分析，两大网络中各城市地位的角色较为相似，网络与现实具有一定的映射性，但网络发育程度有明显的差别。网络中心势分析表明，江苏省在线旅游流流向网络正处于集聚发展阶段，集聚态势强于现实旅游流流向网络。

（4）江苏省各市域在两大网络中的角色分为角色相当和角色错位两类。两大网络中心性分析结果显示，江苏省 13 个市域主要分为两种类型，分别为地位角色相当型城市和地位角色错位型城市，地位角色相当型城市包括南京市、苏州市、徐州市、淮安市 4 个城市，徐州市和淮安市在线和现实网络中都属于边缘角色，南京市和苏州市在线和现实网络中都属于核心角色。其他 9 个市域属于地位角色错位型，现实与在线旅游流网络中地位角色不一致。

（5）两大网络核心成员分布广泛，但南强北弱的格局很难改变，"苏锡常宁徐"为稳定核心成员。在线旅游流流向网络与现实旅游流流向网络核心成员都为 7 个。在线旅游流与现实旅游流流向网络中核心成员分布广泛，江苏南部、中部、北部都有市域在核心成员范围之内，但中南部城市多，北部城市少。其中南京市、无锡市、徐州市、苏州市、常州市 5 个市域在两个网络结构中都处于核心成员。从网络核心成员分布可知江苏旅游的南强北弱格局。江苏省现实旅游流流向网络中核心层对边缘层的带动作用要强于在线旅游流流向网络中核心层对边缘层的带动作用。

（6）在线与现实旅游流流向网络中核心度最高的两个市域完全不同。江苏省在线旅游流网络中，常州市、连云港市核心度最高；现实旅游流网络中，南京市、苏州市核心度最高。一方面说明常州市、连云港市网络营销相对较好，特别是在网络线路推广中，既是非常重要的旅游目的地又是非常重要的客源地，旅游通道作用也非常明显；另一方面也说明南京市、苏州市等旅游发展城市网络营销还有进一步提升的空间，不能因为是品牌旅游地而减少网络营销渠道。

6.1.4　在线旅游流动力机制研究结论

利用 QAP 相关分析等研究方法研究泛长三角在线旅游流网络结构动力机制，并以江苏省为例研究在线与现实旅游流网络结构动力差异，得出如下结论。

1）泛长三角在线旅游流动力机制研究结论

（1）泛长三角在线旅游流规模和流向结构的形成是多种动力综合作用的结果。

泛长三角在线旅游流规模和流向结构是拉力、推力及阻力多重动力作用的结果，拉力作用包括旅游资源条件、区域经济水平、服务业发展水平、旅游经济发展、旅游服务设施、网络营销；推力因素则包括闲暇时间、在线人口规模、客源地经济、网络经济、市场偏好、个人社会特征等；阻力因素包括空间距离、信息安全、旅游成本等。

（2）泛长三角在线旅游流规模及在线旅游流流向网络结构形成的主要动力基本相同。主要动力因素为区域经济条件、服务业发展水平、区域网络经济与网络营销；交通基础设施成为制约在线旅游流产生及流动的主要因素，说明泛长三角交通基础设施虽然发达，但仍然在一定程度上制约在线旅游流的产生和流动。

（3）泛长三角在线旅游流规模的空间差异主要受区域旅游经济水平、区域服务业发展水平、区域经济水平、旅游服务设施、网络营销的影响，其中旅游服务设施中的旅行社数量、网络营销中的在线旅游产品数量对在线旅游流规模的影响要大于旅游服务设施和网络营销中的其他指标；此外，旅游资源条件也是影响因素之一，泛长三角地区交通相对比较便利，但交通的便利还带有一定的区域性，因此，交通基础设施及区位条件仍然制约着区域在线旅游流的规模。

（4）泛长三角在线旅游流流动受到服务业发展水平、区域经济水平、旅游资源条件的影响，交通基础设施成为限制因素，网络营销、旅游服务设施影响未显现。

QAP 相关分析表明，服务业发展水平、区域经济水平、旅游资源条件是在线旅游流流动的主要动力，特别是服务业发展水平、区域经济水平对在线旅游流的流动影响很大，说明在线旅游流更愿意在经济发达、旅游业服务水平较高的旅游目的地之间流动。交通基础设施会制约在线旅游流的流动，在线游客更愿意流向交通便捷的旅游目的地。网络营销、旅游服务设施对在线旅游流流动网络结构的影响未显现。

（5）在线旅游产品信息对泛长三角在线旅游流的产生具有一定影响，旅游产品一般要素及营销综合要素是在线旅游流产生的主要动力，安全可信的渠道成为次要动力，传统的在线旅游产品营销信息已经不能有效地促进在线旅游流的产生。因此提升传统在线旅游产品质量是增加在线购买量的重要途径。

2）江苏省在线与现实旅游流动力机制差异研究结论

（1）江苏省在线旅游流与现实旅游流规模结构的影响因素与上述泛长三角地区在线旅游流规模影响因素基本保持一致。

（2）江苏省在线旅游流与现实旅游流规模空间结构影响因素保持基本一致。区位条件是在线旅游流与现实旅游流规模共同的制约因素，旅游地经济水平、服务业发展水平、区域经济水平、旅游服务设施、网络营销力度、旅游资源条件是在线与现实旅游流规模空间结构共同的动力因素。

（3）江苏省在线旅游流与现实旅游流流动网络空间结构动力因素具有一定的相似性，同时也具有一定的相异性。

交通基础设施、服务业发展水平是江苏省在线与现实旅游流流动的共同动力因素；区域经济水平、旅游服务设施是江苏省在线与现实旅游流流动的共同制约因素；网络营销、旅游资源条件、旅游经济水平、区位条件是江苏省在线旅游流流动网络与现实旅游流流动网络结构产生差异的主要影响因素。

旅游经济水平对江苏省在线旅游流未产生影响，对现实旅游流产生阻碍。在线旅游流更加重视旅游资源条件，而对现实旅游流而言，旅游资源条件得到弱化。在线旅游流更易受到区位条件的制约，而现实旅游流区位条件的制约作用未显现。网络营销对在线旅游流流向网络结构影响未显现，对现实旅游流网络结构有一定的积极影响。

6.2　在线旅游流空间结构优化策略

6.2.1　优化线下旅游资源空间结构

在线旅游流的空间结构受到线下旅游资源空间结构的影响，旅游供应商往往会依据旅游资源形成的旅游景区景点进行旅游线路的设计和安排，并在线销售，对于跟团游产品在线旅游消费者而言，选择在线旅游产品会受到线路设计的影响，而线路设计往往又与旅游资源有很大的关联性。浙江省高等级景区（国家 AAAAA＋AAAA 级旅游景区）主要集中在绍兴市、杭州市、宁波市。江苏省高等级景区（国家 AAAAA＋AAAA 级旅游景区）主要集中在苏州市、无锡市、南京市。安徽省高等级景区主要集中在黄山市、六安市、合肥市。这些城市基本上都位于在线旅游流流动网络中。由此通过优化区域旅游资源开发的等级，可以对在线旅游流产生一定的调控作用。对于苏北、皖北等旅游业发展较为落后，旅游流流向比较少的市域，可以通过旅游资源的开发和旅游景区的完善提升旅游流的流向，吸引旅游企业对在线旅游产品的再设计，从而调整在线旅游流空间结构。

6.2.2　优化线下旅游交通结构

旅游交通会限制旅游线路的组织和设计，也会影响旅游者对在线旅游产品的选择。在线旅游流的流动往往流向交通区位条件比较好的区域。空间距离和交通可达性是影响旅游流流动的重要因素。空间距离是客观的，时间距离则会随着交通技术条件的变化而变化。当交通技术革新产生"时空压缩"效应的时候，旅游者出游的时间距离不变而空间距离将增大，或者空间距离不变而时间距离将变小。学者汪德根提到高速铁路是世界"交通革命"的一个重要标志。高铁已经成为解决大通道上大量旅客快速输送问题的最有效途径，其最大的特点是快速、安全和高效。大量的研究表明，可以通过优化交通体系、交通工具等方式来调整旅游流流动结构。因此对于苏北、皖北等地要加快快速交通建设，为旅游流的流动建立快速通道，从而吸引旅游者的在线选择，如此也可以进一步分散泛长三角地区的客流集中度，保护城市旅游资源。

6.2.3　优化线上旅游产品设计

有无在线旅游产品销售及在线旅游产品的设计内容会对旅游流的流动产生较大影响，在线旅游流流动较少的区域往往在线旅游产品比较少，或者是区域只与泛长三角主要城市如上海市、南京市、杭州市等有在线旅游产品，与其他市域合作产品较少。因此要想优化在线旅游产品结构，首先要树立旅游产品网络营销意识，苏北、皖北等市域旅游企业要积极地与在线旅游综合服务商进行合作并设计出多样的在线旅游产品线路，给在线旅游市场提供多样的在线旅游产品选择。对于旅游行政管理部门、地方人民政府而言，要鼓励旅游企业将新的旅游景区景点、旅游业相对欠发达地区纳入旅游产品设计中来，形成冷热搭配，调整在线旅游流流向结构，从而起到带动整个泛长三角地区的旅游流空间结构优化的作用，促进整个泛长三角地区旅游流的均衡流动。

6.2.4　优化线上旅游产品营销信息

线上不同旅游产品营销措施会影响在线旅游者对旅游产品的选择。旅游业发达区域往往在线旅游产品类型多样，一日游、二日游、三日游及长线游产品类型丰富。在线旅游者选择自由度大。而一些旅游业欠发达地区的旅游类型单一。此外，在线旅游产品的价格、在线旅游产品的评论、在线旅游产品供应商等都会影响消费者的在线选择。如经过统计，发现消费者比较偏爱三日游产品或者五日游产品，对于旅游吸引力相对较差的地区要根据市场需求多推出一些三日游或者五日游产品。再比如相当一部分旅游者对价格比较敏感，但同时又对价格过的低旅游产品心存芥蒂，因此制定符合市场需求的价格也是促进消费者在线旅游产品购买决策的营销诀窍。再比如消费者比较偏爱品牌供应商的在线旅游产品，如携程、国旅等，对于地方旅游行政管理部门、旅游景区等要多与品牌旅游供应商进行合作，提高旅游线路的钻级，从而吸引旅游者在线旅游购买，改善和优化在线旅游流的流动。

参 考 文 献

白凯，马耀峰，李天顺. 2005. 北京市入境游客感知行为研究[J]. 消费经济, 21（3）：63-67.

保继刚. 1992. 引力模型在旅客预测中的应用[J]. 中山大学学报（自然科学版），31（4）：133-136.

保继刚，楚义芳. 1999. 旅游地理学（修订版）[M]. 北京：高等教育出版社：78-93.

保继刚，龙江智. 2005. 城市旅游驱动力的转化及其实践意义[J]. 地理研究, 24（2）：274-282.

保继刚，郑海燕，戴广全. 2002. 桂林国内客源市场的空间结构演变[J]. 地理学报, 57（1）：96-106.

卞显红. 2010. 长江三角洲城市旅游核心—边缘空间结构及其形成机制分析[J]. 商业研究, 3（395）：
    62-66.

卞显红，沙润，杜长海. 2007. 长江三角洲城市入境旅游流区域内流动份额分析[J]. 人文地理,
    22（2）：32-38.

伯特. 2008. 结构洞：竞争的社会结构[M]. 上海：格致出版社.

岑成德，梁婷. 2007. 我国年轻旅游者的网络信息搜索行为研究——以广州高校学生为例[J]. 旅
    游科学, 21（1）：56-62.

戴凡，保继刚. 1996. 旅游社会影响研究——以大理古城居民学英语态度为例[J]. 人文地理,
    （2）：37-42.

邓丽丽，张秋娈. 2011. 旅游网站信息流距离衰减集中性的差异及其检验[J]. 地理与地理信息科
    学,（3）：99-104.

邓明艳. 2000a. 成都旅游市场时空分布模式研究[J]. 国土经济,（3）：41-42.

邓明艳. 2000b. 成都国际旅游市场旅游流特征的分析[J]. 经济地理, 20（6）：115-124.

杜靖川. 2002. 旅游市场营销学. 2 版[M]. 昆明：云南大学出版社.

杜丽娟，张欣，路紫. 2008. 国内网站信息流对人流导引作用机理研究综述[J]. 地理与地理信息
    科学, 24（4）：84-87.

段荣，任黎秀. 2012. 基于核心-边缘理论的江苏省入境旅游空间结构研究[J]. 北京第二外国语学
    院学报, 9：37-42.

方世巧，马耀峰，李天顺，等. 2012. 基于百度搜索的西安市 A 级景区信息与旅游流耦合分析[J].
    干旱区资源与环境, 26（8）：190-194.

方叶林，黄震方，余凤龙，等. 2013. 省际旅游资源相对效率的演化分析[J]. 地理科学, 33（11）：
    1354-1361.

冯娜，李君轶. 2014. 外向在线旅游信息流与入境旅游流的耦合分析——以美加入境旅游流为例[J].
    旅游学刊, 29（4）：79-86.

顾树保. 1985. 旅游市场学[M]. 天津：南开大学出版社.

郭伟，陆旸. 2005. 目的地居民对旅游影响的感知研究综述[J]. 燕山大学学报（哲学社会科学
    版），6（4）：89-92.

郭英之. 1999. 现代旅游者行为研究与市场影响[D]. 北京：中国科学院.

胡兴报，苏勤. 2012. 国内旅游者网络旅游信息搜寻动机与搜寻内容研究[J]. 旅游学刊, 11（27）：

105-112.

黄洁, 吴赞科. 2003. 目的地居民对旅游影响的认知态度研究——以浙江省兰溪市诸葛、长乐村为例[J]. 旅游学刊: 18 (6).

江金波, 梁方方. 2014. 旅游电子商务成熟度对在线旅游预订意向的影响——以携程旅行网为例[J]. 旅游学刊, 29 (2): 75-83.

靳诚. 2009. 基于域内旅游流场的长三角旅游空间结构探讨[J]. 中国人口·资源与环境, (6): 97-100.

李创新. 2011. 基于社会物理视角的中国入境旅游流时空扩散研究[D]. 西安: 陕西师范大学.

李创新, 马耀峰, 张佑印, 等. 2010. 中国旅游热点城市入境客流与收入时空动态演化与错位——重力模型的实证[J]. 经济地理, 30 (8): 1372-1377.

李君轶, 杨敏. 2010. 西安国内旅游者网络旅游信息搜索行为研究[J]. 经济地理, 30 (7): 1212-1220.

李君轶, 杨敏. 2013. 基于关键词选择的在线旅游信息搜寻行为模式研究[J]. 旅游学刊, 28 (10): 15-22.

李君轶, 张柳, 孙九林, 等. 2011. 旅游信息科学: 一个研究框架[J]. 旅游学刊, 26 (6): 72-79.

李彦丽, 路紫. 2006. 中美旅游网站对比分析及"虚拟距离衰减"预测模式[J]. 人文地理, 21 (6): 115-118.

李振亭, 马耀峰, 李创新, 等. 2012. 近20年来中国入境旅游流流量与流质的变化分析[J]. 陕西师范大学学报 (自然科学版), 40 (1): 94-99.

李志飞. 2006. 少数民族山区居民对旅游影响的感知和态度——以柴埠溪国家森林公园为例[J]. 旅游学刊, 21 (2): 21-25.

梁美玉, 史春云. 2009. 长三角旅游城市核心-边缘空间结构的演变[J]. 旅游论坛, 2 (2): 229-233.

梁明英, 王丽娜. 2008. 网络旅游信息对游客行为模式影响的调查分析——以泰山游客为例[J]. 泰山学院学报, 30 (1): 83-87.

林南枝, 陶汉军. 1994. 旅游经济学 (修订本) [M]. 上海: 上海人民出版社.

刘葆, 苏勤, 葛向东. 2005. 传统古民居旅游地旅游影响居民感知的比较研究——以西递、周庄为例[J]. 皖西学院学报, 21 (2): 64-68.

刘法建. 2010. 中国入境旅游流网络结构特征及动因研究[J]. 地理学报, 65 (8): 1013-1024.

刘刚. 2010. 浙江省旅游经济区域差异及其影响因素研究[D]. 杭州: 浙江大学.

刘军. 2004. 社会网络分析导论[M]. 北京: 社会科学文献出版社.

刘赵平. 1998. 再论旅游对接待地的社会文化影响——野三坡旅游发展跟踪调查[J]. 旅游学刊, (1): 50-54.

路紫, 白翠玲. 2001. 旅游网站的性能及其发展态势[J]. 地球信息科学, (1): 63-66.

路紫, 刘娜. 2007. 澳大利亚旅游网站信息流对旅游人流的导引: 过程、强度和机理问题[J]. 人文地理, 97 (5): 88-93.

路紫, 郭来喜, 白翠玲. 2004. 河北省旅游网站使用评估分析[J]. 地球信息科学, 6 (1): 67-71.

路紫, 赵亚红, 吴士锋, 等. 2007. 旅游网站访问者行为的时间分布及导引分析[J]. 地理学报, 62 (6): 621-630.

路紫, 匙芳, 王然, 等. 2008. 中国现实地理空间与虚拟网络空间的比较[J]. 地理科学, 28 (5): 601-606.

罗家德. 2005. 社会网分析讲义[M]. 北京: 社会科学文献出版社.

马耀峰，李永军. 2000. 中国入境旅游流的空间分析[J]. 陕西师范大学学报（自然科学版），
　　28（3）：121-124.

马耀峰，李天顺，刘新平. 1999. 中国入境旅游研究[M]. 北京：科学出版社：12-24.

马耀峰，李天顺，刘新平. 2001. 旅华游客流动模式系统研究[M]. 北京：高等教育出版社.

马耀峰，王冠孝，张佑印. 2008. 中国典型区域入境旅游流空间场效应实证研究——以四川省为
　　例[J]. 资源科学，30（11）：1747-1753.

毛端谦，张捷，包浩生. 2005. 基于 Lancaster 特性理论的旅游目的地选择模式——理论分析与
　　江西省旅游客流的实证研究[J]. 地理研究，24（6）：992-999.

牛亚菲. 1996. 旅游供给与需求的空间关系研究[J]. 地理学报，51（1）：80-87.

牛亚菲，谢丽波，刘春凤. 2005. 北京市旅游客流时空分布特征与调控对策[J]. 地理研究，24（2）：
　　283-292.

彭华. 1999. 旅游发展驱动机制及动力模型探析[J]. 旅游学刊，14（6）：32-38.

邱扶东. 1996. 旅游动机及其影响因素研究[J]. 心理科学，（6）：367-369.

申葆嘉. 1999. 旅游学原理[M]. 上海：学林出版社.

史春云，张捷，尤海梅，等. 2007. 四川省旅游区域核心—边缘空间格局演变[J]. 地理学报，
　　62（6）：631-639.

宋家增. 1996. 发展都市旅游之我见[J]. 旅游学刊，11（3）：23-25.

宋之杰，石晓林，石蕊. 2013. 在线旅游产品购买意愿影响因素分析[J]. 企业经济，398（10）：
　　96-100.

孙步忠，周青，曾咏梅. 2010. 网络旅游信息传播对南昌旅游地形象塑造的影响[J]. 企业经济，
　　362（10）：151-153.

孙中伟，路紫. 2007. 网络信息空间的地理学研究回顾与展望[J]. 地球科学进展，22（10）：
　　1005-1010.

汤国安，刘学军，闾国年. 2007. 地理信息系统教程[M]. 北京：高等教育出版社.

唐顺铁，郭来喜. 1998. 旅游流体系研究[J]. 旅游学刊，13（3）：38-41.

唐仲霞，马耀峰，马占杰. 2011. 基于核心-边缘理论的入境旅游区域空间结构研究——以陕西
　　省为例[J]. 旅游论坛，4（4）：73-77.

陶汉军，林南枝. 1994. 旅游经济学[M]. 上海：上海人民出版社.

陶长琪，齐亚伟. 2011. 中国区域技术相对效率的时空演变分析[J]. 经济地理，23（3）：23-31.

田里. 2016. 旅游经济学[M]. 北京：科学出版社.

王大悟. 1998. 旅游经济学[M]. 上海：上海人民出版社.

王大悟，魏小安. 1998. 新编旅游经济学[M]. 上海：上海人民出版社.

王刚. 2012. 基于互联网社区的结伴自助旅游者信息搜寻行为研究[D]. 济南：山东大学.

王利鑫，张元标，王祥超. 2011. 上海世博会对周边城市旅游辐射效应研究[J]. 地理与地理信息
　　科学，27（3）：105-108.

王永明，马耀峰，王美霞. 2010. 上海入境旅游流对长江流域各省区空间场效应研究[J]. 经济地
　　理，30（5）：854-858.

魏小安，冯宗苏. 1991. 旅游产品的基础、条件与创新[Z]. 1991 年中国旅游年鉴.

文琦，杜忠潮，李玲. 2009. 1995 年至 2006 年入境旅游目的地空间形态及演变分析[J]. 资源科
　　学，31（6）：994-998.

吴必虎. 1994. 上海城市游憩者流动行为研究[J]. 地理学报，49（2）：117-127.

吴必虎，唐俊雅，黄安民，等. 1997. 中国城市居民旅游目的地选择行为研究[J]. 地理学报，52（2）：97-103.

吴佳宾，付业勤. 2007. 旅游信息源研究初探[J]. 技术与市场，22（6）：103-104.

吴晋峰，包浩生. 2002. 旅游系统的空间结构模式研究[J]. 地理科学，22（1）：96-101.

吴晋峰，包浩生. 2005. 旅游流距离衰减现象演绎研究[J]. 人文地理，20（2）：62-65.

吴晋峰，潘旭莉. 2010. 京沪入境旅游流网络结构特征分析[J]. 地理科学，30（3）：370-376.

吴晋峰，王鑫，郭峰，等. 2013. 我国旅游流研究进展与展望[J]. 人文地理，132（4）：20-26.

吴士锋，路紫. 2007a. 中国城市电子政务功能性研究进展[J]. 现代情报，27（5）：207-209.

吴士锋，路紫. 2007b. 网站信息流对现实人流替代函数的计算与应用——以中国互联网网络发展状况统计报告为例[J]. 经济地理，27（1）：22-25.

吴思. 2007. 信息通信技术（ICT）与旅游产业的潜力和竞争力研究现状[J]. 旅游学刊，22（6）：7-8.

肖群鹰，刘慧君. 2007. 基于 QAP 算法的省际劳动力迁移动因理论再检验[J]. 中国人口科学，29（4）：26-95.

谢彦君. 2004. 基础旅游学[M]. 北京：旅游教育出版社.

徐红罡，薛丹. 2011. 旅游目的地仿生学空间关系研究——以安徽省古村落西递、宏村为例[J]. 地理科学，31（12）：1518-1524.

许月卿，李双成. 2005. 我国人口与社会经济重心的动态演变[J]. 人文地理，20（1）：117-120.

薛莹. 2006. 旅游流在区域内聚：从自组织到组织——区域旅游研究的一个理论框架[J]. 旅游学刊，21（4）：47-54.

杨国良. 2008. 旅游流空间扩散[M]. 北京：科学出版社.

杨国良，张捷，艾南山，等. 2006. 旅游流齐夫结构及空间差异化特征——以四川省为例[J]. 地理学报，61（12）：1281-1289.

杨敏. 2006. 旅游网络营销中的问题与对策[J]. 当代经济，（6）：57-58.

杨敏. 2012. 在线旅游信息搜寻：需求、行为和机制[D]. 西安：陕西师范大学.

杨森林，郭鲁芳，王莹. 1999. 中国旅游业国际竞争策略[M]. 上海：立信会计出版社.

杨小彦，张秋銮. 2010. 旅游网站信息流距离衰减形态描述与集中度计算[J]. 地理与地理信息科学，（6）：88-91.

杨兴柱，顾朝林，王群. 2007. 南京市旅游流网络结构构建[J]. 地理学报，62（6）：609-620.

杨兴柱，顾朝林，王群. 2011. 旅游流驱动力系统分析[J]. 地理研究，30（1）：23-36.

于英士. 1994. 北京建成现代化国际旅游城市[J]. 旅游学刊，9（1）：13-15.

张广瑞. 1994. 简谈国际旅游城市应具备的条件[J]. 旅游学刊，9（1）：16-19.

张捷，都金康，周寅康，等. 1999. 自然观光旅游地客源市场的空间结构研究——以九寨沟及比较风景区为例[J]. 地理学报，54（4）：357-362.

张俊霞. 2001. 网络环境下旅游业信息管理面临的机遇和挑战[J]. 科技进步与对策，（6）：131-132.

张凌云. 1988. 旅游流空间分布模型：普洛格理论在定量研究中的推广[J]. 地域研究与开发，7（3）：11-12.

张秋銮. 2011. 旅游网站信息流距离衰减的集中度研究[J]. 地理科学，（7）：885-890.

张勇. 2010. 旅游资源、旅游吸引物、旅游产品、旅游商品的概念及关系辨析[J]. 重庆文理学院学报（社会科学版），29（4）：155-157.

张佑印. 2010. 北京入境集聚扩散旅游流时空演变规律及动力机制研究[D]. 西安：陕西师范大学.

张佑印，顾静，马耀峰. 2013. 旅游流研究的进展、评价与展望[J]. 旅游学刊，28（6）：38-46.

张佑印，马耀峰，顾静. 2012. 北京入境旅游流扩散动力机制分析[J]. 干旱区资源与环境，26（1）：122-127.

章锦河，张捷，李娜，等. 2005a. 中国国内旅游流空间场效应分析[J]. 地理研究，24（2）：293-302.

章锦河，张捷，刘泽华. 2005b. 基于旅游场理论的区域旅游空间竞争研究[J]. 地理科学，25（2）：248-255.

赵媛，杨足膺，郝丽莎，等. 2012. 中国石油资源流动源—汇系统空间格局特征[J]. 地理学报，67（4）：455-466.

郑鹏，马耀峰，李天顺，等. 2010. 我国入境旅游者流动行为机理分析——对旅游热点城市西安的实证研究[J]. 经济地理，30（1）：139-144.

钟栎娜，吴必虎. 2007. 中外国际旅游城市网络旅游信息国际友好度比较研究[J]. 旅游学刊，22（9）：12-17.

钟士恩，任黎秀，欧阳怀龙. 2007. 世界遗产地庐山"圈层飞地"型旅游客源市场空间结构研究[J]. 地理与地理信息科学，23（4）：76-80.

钟士恩，张捷，任黎秀，等. 2009. 旅游流空间模式的基本理论及问题辨析[J]. 地理科学进展，28（5）：23-36.

Antonellis P，Makris C，Tsirakis N. 2009. Algorithms for clustering click stream data[J]. Information Processing Letters，109（8）：381-385.

Barthelemy M，Gondran B，Guichard E. 2002. Spatial structure structure of the internet traffic[J]. Physica A Statistical Mechanics and Its Applications，319（7）：633-642.

Benedict D，Borgers A，Harry T. 1995 . A day in the city：Using conjoint choice experiments to model urban tourists' choice of activity packages[J]. Tourism Management，16（5）：347-353.

Botha C，Crompton J L，Kim S. 1999. Developing a revised competitive position for Sun/Lost City，South Africa [J]. Journal of Travel Research，37（4）：341-352.

Britton S G. 1980. A conceptual model of tourism in a peripheral economy[C]//Pearce D. Tourism in the South Pacific：The Contribution of Research to Development and Planning. Christchurch：N. Z. National Commission for UNESCO/Department of Geography, University of Canterbury：1-12.

Buhalis D. 2000 . Marketing the competitive destination of the future[J]. Tourism Management，21（1）：97-116.

Burt R S. 1992. Structural Holes：The Social Structure of Competition[M]. Boston：Harvard University Press.

Cai L A，Feng R M，Breiter D. 2004. Tourist purchase decision involvement and information preferences [J]. Journal of Vacation Marketing，10（2）：138-148.

Campbell C K. 1967. An Approach to Research in Recreational Geography[D]. Vancouver：Department of Geography，University of British Columbia：89-93.

Carr N. 2001. An exploratory study of gendered differences in young tourists perception of danger within London[J]. Tourism Management，22（5）：565-570.

Cha S，Mccleary K W，Uysal M. 1995. Travel motivations of Japanese overseas travelers：A factor-cluster segmentation approach [J]. Journal of Travel Research，34（1）：33-39.

Childers T L，Carrb C L，Peck J，et al. 2001. Hedonic and utilitarian motivations for online retail shopping behavior[J]. Journal of Retailing，77（4）：511-535.

Choi S J，Lehto X Y，Morrison A M. 2007. Destination image representation on the web：Content analysis of Macau travel related websites[J]. Tourism Management，28（1）：118-129.

Choi S J，Lehtol X Y，Oleary J T. 2010. What does the consumer want from a DMO website? A study of US and Canadian tourists' perspectives [J]. International Journal of Tourism Research，9（2）：59-72.

Christou E，Kassianidis P. 2002. Consumer's perceptions and adoption of online buying for travel products [J]. Journal of Travel and Tourism Marketing，12（4）：93-107.

Clemons E K，Hann I H，Hitt L M. 2002. Price dispersion and differentiation in online travel：An empirical investigation [J]. Management Science，48（4）：534-538.

Coutts B E. 2002. Travel on the websites to help you plan your vacation[J]. College and Research Libraries News，63（4）：271-275.

Crampon L J . 1966. A new technique to analyze tourist markets[J]. Journal of Marketing，30（2）：27-31.

Crouch G I，Ritchie J R. 1999 . Tourism competitiveness and societal prosperity[J]. Journal of Business Research，44：137-152.

Dann G M S. 1981. Tourism motivation：An appraisal[J]. Annals of Tourism Research，8（2）：187-219.

Davidson A P，Yu Y M. 2005. The Internet and the occidental tourist: An analysis of Taiwan's tourism websites from the perspective of western tourists[J]. Information Technology and Tourism，7：91-102.

Doolin B，Burgess L，Cooper J. 2002. Evaluating the use of the Web for tourism marketing：a case study from New Zealand[J]. Tourism Management，23（5）：557-561.

Dredge D. 1999. Destination place planning and design[J]. Annals of Tourism Research，26（4）：772-791.

Eymann A，Ronning G. 1997. Microeconometric models of tourists'destination choice[J]. Regional Science and Urban Economics，27：735-761.

Fakeye P C，Crompton J L. 1991. Image differences between prospective，first time，and repeat visitors to the Lower Rio Grande Valley [J]. Journal of Travel Research，30（2）：10-16.

Geyikdagi N. 1995. Investment in tourism development and the demand for travel[J]. Rivista Internazionale di Scienze Economichee Commerciali，42：391-403.

Gnoth J. 1997. Tourism motivation and expectation formation[J]. Annals of Tourism Research，24：283-304.

Goossens C. 2000. Tourism information and pleasure motivation[J]. Annals of Tourism Research，27（2）：301-321.

Gunn C A. 1988. Tourism Planning[M]. New York：Crane Rusak.

Gunn C A. 2002. Tourism Planning：Concepts，Practices and Cases. 3rd edn[M]. Taylor and Francis Press.

Haas R. 2002. The Austrian country market：A European case study on marketing regional products and services in a cyber mall[J]. Journal of Business Research，55（8）：637-646.

Hjalager A M. 2007. Stages in The economic globalization of tourism[J]. Annals of Tourism Research，34（2）：437-457.

Hoffman D L，Novak T P. 1996. Marketing in hypermedia computer mediated environments：Conceptual foundations [J]. Journal of Marketing，60（3）：50-68.

Hu Y Z，Ritchie J R B. 1993. Measuring destination attractiveness：A context approach[J]. Journal of Travel Research，32（2）：25-34.

Jie Z，Jensen C. 2007. Comparative advantage explaining tourism flows[J]. Annals of Tourism Research，34（1）：223-243.

Johnston M E. 1997. Polar tourism regulation strategies：Controlling visitors through codes of conduct and legislation[J]. Polar Record，33（184）：13-20.

Kannan R，Ray L，Sarangi S. 2007. The structure of information networks[J]. Economic Theory，30（1）：119-134.

Kazasis F G，Moumoutzis N，Pappas N. 2003. Designing ubiqutious personalized TV-Anytime services[C]. UMICS.

Kim D Y，Lehto X Y，Morrison A M. 2007. Gender differences in online travel in formation search：Implications for marketing communications on the internet[J]. Tourism Management，28（2）：423-433.

Kim H，Niehm L S. 2009. The impact of website quality on information quality，value，and loyalty intentions in apparel retailing[J]. Journal of Interactive Marketing，23（3）：221-233.

Kim J H，Moosa I A. 2005. Forecasting international tourist flows to Australia：A comparison between the direct and indirect methods[J]. Tourism Management，26（1）：69-78.

Lancaster K . 1971. Consumer Demand：A New Approach[M]. New York：Columbia University Press .

Lee G，Cai L A，O'Leary J T. 2006. WWW. Branding. States. US：An analysis of brand-building elements in the US state tourism websites[J]. Tourism Management，27（5）：815-828.

Lew A A，McKercher B. 2002. Trip destinations，gateways and itineraries：the example of Hong Kong[J]. Tourism Management，23（6）：609-621.

Lexhagen M. 2005. The importance of value-added services to support the customer search and purchase process on travel websites[J]. Information Technology and Tourism，7（2）：119-135.

Lin Y S，Huang J Y. 2006. Internet blogs as a tourism marketing medium：A case study[J]. Journal of Business Research，59（10）：1201-1205.

Litvin S W，Goldsmith R E，Pan B. 2017. A retrospective view of electronic word-of-mouth in hospitality and tourism management[J]. International Journal of Contemporary Hospitality Management，30（4）：1-27.

Lundgren J O J. 1984. Geographical concepts and the development of tourism research in Canada[J]. Geojournal，9（1）：17-25.

Luo M，Feng R，Cai L. 2004. Information search behavior and tourist characteristics：The Internet vis-à-vis other information sources [J]. Journal of Travel and Tourism Marketing，17（2）：15-25.

Marrocu E，Paci R. 2011. They arrive with new information. Tourism flows and production efficiency in the European regions[J]. Tourism Management，32（4）：750-758.

Maswera T，Dawson R，Edwards J. 2008. E-commerce adoption of travel and tourism organizations in South Africa，Kenya，Zimbabwe and Uganda[J]. Telematics and Informatics，25（3）：187-200.

Mckercher B，Lau G. 2008. Movement patterns of tourists within a destination [J]. Tourism Geographies，10（3）：355-374.

Mitsutake M. 1998. Japanese tourists in transition countries of Central Europe: Present behavior and future trends [J]. Tourism Management，19（5）：433-443.

Moe W W. 2003. Buying，searching，or browsing: Differentiating between online shoppers using in-store navigational click stream[J]. Journal of Consumer Psychology，13（1）：29-39.

Murnion S，Healey R G. 2010. Modeling distance decay effect in websever information flows[J]. Geographical Analysis，30（4）：285-303.

Murphy J，Forrest E J，Wotring C E，et al. 1996. Hotel management and marketing on the internet [J]. The Cornell Hotel and Restaurant Administration Quarterly，37（3）：70-82.

Murphy P E，Andressen B. 1988. Tourism development on Vancouver Island: An assessment of the core-periphery model[J]. The Professional Geographer，40（1）：32.

Murphy P E，Pritchard M，Smith B. 2000. The destination product and its impact on traveller perceptions[J]. Tourism Management，21（1）：43-52.

Muzaffer U，Uysal M，H agan L. 1993. Motivation of pleasure to travel and tourism[J]. Encyclopedia of Hospitality and Tourism，21：798-810.

Odell P R. 1967. Regional development policy: A case study of Venzuela[J]. Urban Studies，4（3）：309-311.

Oppermann M. 1992. Intranational tourist flows in Malaysia[J]. Annals of Tourism Research，19（3）：482-500.

Ozturan M，Roney S A. 2004. Internet use among travel agencies in Turkey: An exploratory study[J]. Tourism Management，25（2）：259-266.

Pearce D G. 1995. Tourism Today: A Geographical Analysis[M]. Longman Scientific and Techincal.

Pearce D G. 2008. Japanese tourists in Europe[J]. Geographical Review of Japan，68（1）：63-74.

Prideaux B. 2000. The role of the transport system in destination development[J]. Tourism Management，21（1）：53-63.

Prideaux B. 2005. Factors affecting bilateral tourism flows[J]. Annals of Tourism Research，32（3）：780-801.

Raventos P. 2006. The internet strategy of the Costa Rican Tourism Board[J]. Journal of Business Research，59（3）：375-386.

Reed M G. 1997. Power relations and community-based tourism planning[J]. Annals of Tourism Research，24（3）：566-591.

Skadberg Y X，Skadberg A N，Kimmel J R. 2005. Flow experience and its impact on the effectiveness of a tourism website[J]. Information Technology and Tourism，7（3-4）：147-156.

Stewart S I，Vogt C A. 1997. Multi-destination trip patterns[J]. Annals of Tourism Research，24（2）：458-461.

Tan G W，Wei K K. 2007. An empirical study of web browsing behaviour: Towards an effective website design[J]. Electronic Commerce Research and Applications，5（4）：261-271.

Turnbull D R，Uysal M. 1995. An exploratory study of German visitors to the Caribbean: Push and pull motivations [J]. Journal of Traveler and Tourism Marketing，4（2）：85-92.

Uysal M，Jurowski C. 1994. Testing the push and pull factors[J]. Annals of Tourism Research，21（4）：844-846.

Wan C S. 2002. The web sites of international tourist hotels and tour wholesalers in Taiwan[J].

Tourism Management，23（2）：155-160.

Wang Y C，FesenmaierD R. 2002. Defining the virtual tourist community：implications for tourism marketing[J]. Tourism Management，23（4）：407-417.

Wang Y C，Fesenmaier D R . 2004. Towards understanding members' general participation in and active contribution to an online travel community[J]. Tourism Management，25（6）：709-722.

Weber K，Roehl W S. 1999. Profiling people searching for and purchasing travel products on the World Wide Web [J]. Journal of Travel Research，37（3）：291-298.

Wolfe R I. 1972，The inertia model[J]. Journal of Leisure Research，4（1）：73-76.

Xiang Z，Pan B. 2011. Travel queries on cities in the United States：Implications for search engine marketing for tourist destinations[J]. Tourism Management，32（1）：88-97.

Yongkun S，Mcavoy L. 2004 . Preferences and trip expenditures：A conjoint analysis of visitors to Seoul，Korea[J]. Tourism Management，25：127-137.

Yuan S，McDonald C. 1990. Motivational determinants of international pleasure time[J]. Journal of Travel Research，29（1）：42-44.

Zurick D N. 1992. Adventure travel and sustainable tourism in the peripheral economy of Nepal[J]. Annals of the Association of American Geographers，82（4）：608.

附录 在线旅游者旅游线路产品购买影响
因素调查问卷

（本问卷设计和调查于 2013 年）

感谢您利用宝贵的时间填写这份问卷，请您将所要选择的答案标成红色，谢谢合作！

一、个人社会特征

1. 您位于_____省_____市（县）
2. 性别：（1）男　　（2）女
3. 您的年龄：（1）20 岁以下（2）21～30 岁（3）31～40 岁（4）41～50 岁（5）50 岁以上
4. 您的月收入：（1）3000 元以下（2）3000～5000 元（3）5001～10000 元（4）10000 元以上

二、在线购买态度与行为

1. 在线购买旅游线路产品是一件非常愉悦的事情
（1）非常赞同　　（2）很赞同　　（3）赞同　　（4）不赞同　　（5）很不赞同
2. 在线购买旅游线路产品已经是我出门旅游的重要购买方式
（1）非常赞同　　（2）很赞同　　（3）赞同　　（4）不赞同　　（5）很不赞同
3. 在线购买，总能找到我非常满意的旅游线路产品
（1）非常赞同　　（2）很赞同　　（3）赞同　　（4）不赞同　　（5）很不赞同
4. 在线购买旅游线路产品，我经常不知道如何选择
（1）非常赞同　　（2）很赞同　　（3）赞同　　（4）不赞同　　（5）很不赞同
5. 在线购买旅游线路产品，我总觉得操作起来非常麻烦
（1）非常赞同　　（2）很赞同　　（3）赞同　　（4）不赞同　　（5）很不赞同
6. 在网络上购买了不合适的旅游产品会让我很气恼
（1）非常赞同　　（2）很赞同　　（3）赞同　　（4）不赞同　　（5）很不赞同

7. 您曾经在哪些网站购买过旅游线路产品：（1）欣欣旅游网（2）去哪儿网（3）淘宝旅行网（4）途牛旅游网（5）携程旅行网（6）驴妈妈旅游网（7）悠哉旅游网（8）乐途旅游网（9）拉手网（10）糯米网（11）同程网（12）团宝网（13）窝窝团（14）其他

8. 一年时间内，您一般在线购买旅游产品次数：（1）1～2 次（2）3～4 次（3）4 次以上

三、在线购买关注的信息内容

1. 在线购买旅游线路产品，我关注的是网站的安全
（1）非常赞同　　（2）很赞同　　（3）赞同　　（4）不赞同　　（5）很不赞同

2. 在线购买旅游线路产品，我关注的是网站的知名度
（1）非常赞同　　（2）很赞同　　（3）赞同　　（4）不赞同　　（5）很不赞同

3. 在线购买旅游线路产品，我担心网站旅游线路信息存在猫腻、信誉度不高
（1）非常赞同　　（2）很赞同　　（3）赞同　　（4）不赞同　　（5）很不赞同

4. 在线购买旅游线路产品，我关注的是旅游产品的日程天数
（1）非常赞同　　（2）很赞同　　（3）赞同　　（4）不赞同　　（5）很不赞同

5. 在线购买旅游线路产品，我关注的是 4 天游及以上的产品
（1）非常赞同　　（2）很赞同　　（3）赞同　　（4）不赞同　　（5）很不赞同

6. 在线购买旅游线路产品，我关注的是 3～4 天游的产品
（1）非常赞同　　（2）很赞同　　（3）赞同　　（4）不赞同　　（5）很不赞同

7. 在线购买旅游线路产品，我关注的是 1～2 日游的产品
（1）非常赞同　　（2）很赞同　　（3）赞同　　（4）不赞同　　（5）很不赞同

8. 在线购买旅游线路产品，我关注的是旅游产品中的所经城市
（1）非常赞同　　（2）很赞同　　（3）赞同　　（4）不赞同　　（5）很不赞同

9. 在线购买旅游线路产品，我关注的是跨市旅游线路（如华东五市游）
（1）非常赞同　　（2）很赞同　　（3）赞同　　（4）不赞同　　（5）很不赞同

10. 在线购买旅游线路产品，我关注的是市内旅游线路（如无锡二日游）
（1）非常赞同　　（2）很赞同　　（3）赞同　　（4）不赞同　　（5）很不赞同

11. 在线购买旅游线路产品，我关注的是旅游产品中的旅游资源
（1）非常赞同　　（2）很赞同　　（3）赞同　　（4）不赞同　　（5）很不赞同

12. 在线购买旅游线路产品，我关注的是线路中是否有品牌旅游资源
（1）非常赞同　　（2）很赞同　　（3）赞同　　（4）不赞同　　（5）很不赞同

13. 在线购买旅游线路产品，我往往被美丽的旅游资源图片吸引
（1）非常赞同　　（2）很赞同　　（3）赞同　　（4）不赞同　　（5）很不赞同

14. 在线购买旅游线路产品，我往往倾向于旅游信息提供非常丰富的旅游线路产品

（1）非常赞同　　（2）很赞同　　（3）赞同　　（4）不赞同　　（5）很不赞同

15. 在线购买旅游线路产品，我关注的是旅游产品的价格

（1）非常赞同　　（2）很赞同　　（3）赞同　　（4）不赞同　　（5）很不赞同

16. 在线购买旅游线路产品，我关注的是高价格旅游线路产品（指700元以上）

（1）非常赞同　　（2）很赞同　　（3）赞同　　（4）不赞同　　（5）很不赞同

17. 在线购买旅游线路产品，我关注的是低价格旅游线路产品（指300元以下）

（1）非常赞同　　（2）很赞同　　（3）赞同　　（4）不赞同　　（5）很不赞同

18. 在线购买旅游线路产品，我关注的是中等价格旅游线路产品（300～600元）

（1）非常赞同　　（2）很赞同　　（3）赞同　　（4）不赞同　　（5）很不赞同

19. 在线购买旅游线路产品，我关注的是旅游产品的折扣

（1）非常赞同　　（2）很赞同　　（3）赞同　　（4）不赞同　　（5）很不赞同

20. 在线购买旅游线路产品，我关注的是高折扣的旅游线路产品

（1）非常赞同　　（2）很赞同　　（3）赞同　　（4）不赞同　　（5）很不赞同

21. 在线购买旅游线路产品，我关注的是旅游产品的有效期

（1）非常赞同　　（2）很赞同　　（3）赞同　　（4）不赞同　　（5）很不赞同

22. 在线购买旅游线路产品，我关注的是具有较长有效期的旅游产品

（1）非常赞同　　（2）很赞同　　（3）赞同　　（4）不赞同　　（5）很不赞同

23. 在线购买旅游线路产品，我关注的是具有较短有效期的旅游产品

（1）非常赞同　　（2）很赞同　　（3）赞同　　（4）不赞同　　（5）很不赞同

24. 在线购买旅游线路产品，我比较关注供应商的品牌性

（1）非常赞同　　（2）很赞同　　（3）赞同　　（4）不赞同　　（5）很不赞同

25. 在线购买旅游线路产品，我关心供应商是否是我所在的本地市

（1）非常赞同　　（2）很赞同　　（3）赞同　　（4）不赞同　　（5）很不赞同

26. 在线购买旅游线路产品，我关注的是旅游产品中的酒店因素

（1）非常赞同　　（2）很赞同　　（3）赞同　　（4）不赞同　　（5）很不赞同

27. 在线购买旅游线路产品，我关注的是旅游线路产品中是否具有高等级酒店

（1）非常赞同　　（2）很赞同　　（3）赞同　　（4）不赞同　　（5）很不赞同

28. 在线购买旅游线路产品，我倾向于选择购买人数较多的旅游线路产品

（1）非常赞同　　（2）很赞同　　（3）赞同　　（4）不赞同　　（5）很不赞同

29. 在线购买旅游线路产品，我比较关注先前购买游客的体验评价

（1）非常赞同　　（2）很赞同　　（3）赞同　　（4）不赞同　　（5）很不赞同